Beyond 70 Years after the World War II :
International Engagement of Germany and Japan

戦後70年を越えて
ドイツの選択・日本の関与

編著 中村登志哉 *Toshiya Nakamura*

はじめに ── 本書の視角

中村登志哉

　先の大戦からちょうど70年を迎えた2015年、日本の来し方行く末を考える議論が政治レベル、学術界をはじめ各界において広くなされた。
　政府レベルでは、安倍晋三首相が有識者による懇談会「20世紀を振り返り21世紀の世界秩序と日本の役割を構想するための有識者懇談会」（略称「21世紀構想懇談会」）を設置し[1]、答申を受けた上で、2015年8月14日に内閣総理大臣談話[2]を発表した。安倍首相が談話を発表する意向を示して以降、国内外の関心を集めていたが、現時点での国内外の評価は様々であり、例えば米国やオーストラリア、フィリピンなどの各国政府は肯定的に評価する一方で[3]、中国の外務省報道官は「日本は戦争責任を明確に説明し、被害国の人民に誠実に謝罪すべきである」とする談話を発表し、批判的な評価を示した[4]。また、米紙ニューヨーク・タイムズは「新たな個人的謝罪表明はなかった」と批判的に報じ[5]、米紙ワシントン・ポストは「安倍首相に批判的な人々が懸念していたほどには国家主義的ではなく、融和的であった」と一定の評価を示すとともに、中国に対して「天安門事件などの真実を自国民が知ることを妨げながら、日本政府の談話に厳しい評価を示すことは二重基準である」と批判した[6]。
　たしかに、安倍首相の国会における答弁内容などから、1995年に発表され日本の侵略や植民地支配を謝罪した所謂「村山談話」のほか、従軍慰安婦問題に関する所謂「河野談話」を大幅に見直す内容になる懸念が指摘されていたが、少なくともそのような評価にはならなかったと言えよう。
　国際社会は今、大きな変化を見せている。近年、アジア・インフラ投資銀行（AIIB）の設立、国際通貨基金（IMF）の特別引出権（SDR）への人民元組み入れなど、中国の経済大国化を象徴する出来事が続く中、同国が南シナ海で人工島を建設し、東シナ海でも海洋活動を活発化させてきたことが、領有権を争うベトナムやフィリピンとの対立や日中関係の悪化を招き、中国の海洋進出に伴う地域秩序の安定維持が国際社会の関心事となっている。また、中東におけ

るイスラム過激派「イスラム国」の台頭が、戦後かつてない規模で欧州に押し寄せる難民の波を生み、さらに、2015年11月に起きたパリ同時多発テロを契機に、フランス、英国、ドイツなどの欧州主要国は、「イスラム国」殲滅を目指して、シリアへの空爆作戦を強化し、対テロ戦争への道を進んでいる。

　このような国際情勢下、日本では2015年、日米同盟や国連平和維持活動（PKO）における自衛隊の活動範囲の拡大に道を開く平和安保法制が成立した。翌2016年5月には主要国首脳会議（伊勢志摩サミット）が開催され、その機会にオバマ米国大統領による広島訪問が実現した。原爆死没者慰霊碑に献花して被爆者の森重昭さんを抱き寄せた大統領の姿は、先の大戦、並びに原爆投下に関する日米両国の和解が新たな段階に入ったことを国内外に強く印象づけ、長く記憶されることになろう。2011年の東日本大震災及び福島原子力発電所事故という未曾有の国難から5年。日本が重ねてきたこうした努力は果たして、「衰退する国」のイメージを脱し、力強く蘇る姿として国際社会に示せているのだろうか。

　日本は国際社会において戦後70年を「越える」ことができたのか、急速に変化する国際社会において、日本は今後、どのような役割を担い、どのような国家を目指しているのか、その姿勢は国際社会においてどのように受け止められているのか。本書所収の論文は、同じく戦後70年を経過し、統一25年を経たドイツの軌跡を一つの比較の視座としつつ、国際社会の変化に日本がどのように関与の在り方を変化させてきたかを分析し、あるいはその日本の国際関与がどのように受け止められてきたかを分析したものである。名古屋大学において2016年2月12日に開催された同大学グローバルメディア研究センター設立記念シンポジウム「グローバル社会と日本：戦後70年を越えて」（同研究センター主催、共同通信社・中日新聞社・東海テレビ株式会社後援）に提出された議論に加えて、3・4・7章を加筆した。

　第1部の総論において、第1章の渡邉論文は、日本の「戦後20年」「30年」「40年」に関する評価として、それぞれ、歴史家の堀米庸三、政治学者の永井陽之助、およびフランスの政治学者・社会学者であるレイモン・アロンの著作を引用しつつ、われわれが戦後70年をいかに回顧し、未来を展望すべきかを問うている。国際政治学の泰斗である渡邉は、これら3者の議論が、「積極的平和主義」の下、21世紀の秩序形成に貢献しようとする日本を評価するうえで、それぞれの視

角を与えることを指摘したうえで、自らの提言として「戦勝国対敗戦国という図式で『戦後』について語ることはやめようではないか」と述べる。「国際的に『戦後を越えて』どう進むのかが課題になっている以上、あたかも1945年で歴史がストップしているかのような言説は全く意味をなさないはず」だからであると論じる。

　第2章の中村論文は、日本と同じ敗戦国として比較されることが多いドイツの戦後について外交・安全保障政策、中でもドイツ国民の間で国民的関心事の一つであり続けた連邦軍の海外派兵問題に焦点をあて、この問題に対するドイツ市民の意識がどのように変化してきたかを分析する。戦後ドイツは、基本法（憲法に相当）の規定、ナチス・ドイツへの反省から、抑制的な安全保障政策をとってきた。具体的には、米国・西欧諸国の同盟である北大西洋条約機構（NATO）同盟国の領土・領空・領海を越えてドイツ連邦軍が活動をすること、所謂「域外派兵」を控えてきたが、冷戦の終結、それに続く1990年のドイツ統一、1990-91年の湾岸危機・戦争が状況を一変させた。米国などから湾岸戦争への派兵要請を受けたものの、先の政策に基づき拒否したが、このことが、冷戦終結の最大の果実であるドイツ統一を手にしながら、国際秩序の安定に協力しない「小切手外交」であるという国際的批判にさらされ、ドイツは政策を転換し、旧ユーゴスラビアやカンボジア、アフガニスタンなど世界各地へ派兵した。

　当初は国際社会や同盟における応分の責任を担うべきであると考えて、域外派兵を支持した世論も、14年間の長期に及ぶアフガニスタンへの派兵については、徐々に支持が低下し、ついには反対が支持を上回った。安全保障分野においては控え目な政策を取りつつ、経済発展を遂げてきた戦後ドイツの軌跡は日本の姿とも重なる。国際社会における大国としての責任と、敗戦国としての歴史に由来する平和主義の狭間に揺れる市民意識を分析し、日本が目指す国家像を考える上での材料とする。

　続く第2部では、第二次大戦における敗戦とその後の占領から独立を回復し、日本が国際社会に次第に受容され、経済大国へと発展していく過程で、国際社会に関与していく中で生起した問題を扱う。

　第3章の井原論文は、日本が東南アジアでどのように受け止められたかという観点から、1977年に発表された所謂福田ドクトリンの3原則に着目する。

井原は、日本の東南アジアに対するコミットメントやプレゼンスは、現地にとって望ましく有用であると認識されるための理念の発信だったと論じている。ここでは、福田赳夫以前の政権がいかなる東南アジア諸国連合（ASEAN）重視政策を採用し、さらに福田政権でいかなる新しい政策が打ち出されたかが分析される。井原によれば、ASEAN重視政策は、福田ドクトリンの第3原則で謳われているものの、第1・第2原則もそれと深い連関を持つ。日本は軍事大国にならないとする第1原則は、それによって生まれた余力で、とりわけASEAN諸国に対して種々の経済協力を行うものだったし、第2原則で謳われた「心と心の触れ合い」も、経済・文化協力を通じたASEAN諸国の地域的強靭性や連帯の強化と密接に関わるためである。第3原則ではASEAN重視のほかに、インドシナ諸国との平和共存も謳われているが、ここでもASEANにより高い優先順位を置くことが、福田の口から語られていると論じている。

　第4章の加藤論文は、1987年の国際緊急援助隊法施行による国際緊急援助隊創設、および92年の同法改正による自衛隊の国際緊急援助隊参加に至る過程を検討する。加藤によると、外務省を中心に同法が作成された契機は、85年のメキシコ地震およびコロンビア火山噴火等の災害救援活動だった。ただし、緊急援助活動拡大のプロセスすべてを外務省が主導したわけではなく、内閣、特に後藤田正晴官房長官や他省庁の意向も法案に一部反映されたと加藤は指摘する。外務省はこの時、自衛隊の国際緊急援助隊参加問題について、将来の可能性を残しつつ、問題に触れないよう注意を払っていたが、こうした努力が湾岸危機以降、PKOおよび国際緊急援助活動への自衛隊参加実現につながったことが明らかにされる。

　続く第5章の徳地論文は、上述のような日本のこれまでの国際関与を踏まえた上で、現下の東アジア情勢を概観し、日本が果たす役割を論ずる。2015年まで防衛省の国際担当である初代の防衛審議官（次官級）を務めた徳地は、東アジアは経済成長の中心でありながら、地域秩序の維持が脆弱であるとの認識に立ち、日本が東アジアの安定に向けて、果たすべき役割は少なくないと論ずる。すなわち、ルールを基盤とする国際秩序実現のため、まず域内の国々の国内安定が不可欠であり、そのための日本の貢献が求められていること、また、米国を中心とするハブアンドスポーク型の同盟ネットワークを展開するアジアにおいて、そのネットワークを強化する必要性を論じている。その強化を中国

封じ込めと受け止める向きがあるが、決してそうではなく、国際規範を中国にも従うよう促す意味でも重要であると徳地は指摘する。

　第2部で論じた日本の国際関与に対し、第3部では、国際社会、なかでもオーストラリア、台湾、ベトナム、シンガポールのアジア太平洋諸国・地域が日本の動きをどのように受け止めたのかを扱う。

　まず、第6章のビズリー論文は、オーストラリアの対日観を、戦前に遡って現在に至るまでの変容を検討する。アジア太平洋地域の安全保障に関する気鋭の専門家として知られるビズリーによれば、オーストラリアにとって日本は、第二次大戦中、同国を直接的に攻撃した安全保障上の脅威であり、冷戦初期のころまでは、日本の軍国主義の再来は同国にとって、共産主義に対する恐れに匹敵する恐怖であると認識されていたという。その後、経済関係が順調に拡大し、最近まで日本は最大の貿易相手国にまでなる一方、21世紀に入り、安全保障上のパートナーとして協力関係を深めてきた。ともに米国の同盟国である両国の関係強化は、急速に変化する安全保障環境において、米国の軍事的優位性を基本とする現行の国際秩序を維持していく上で、その持つ意味の広がりを軽視してはならないと指摘する。一方で、安全保障ジレンマがアジアにおいて明らかになりつつあるとした上で、とりわけ中国の台頭という現実を前に、中国を国際環境に適合させるための一層の努力が日豪両国に求められていることを論じている。

　次に、第7章の小金丸論文は、70年以上前に日本統治を離れた台湾の近現代史や台湾社会に関する学術研究や世論調査の分析を通して、対日世論には政治レベルと社会の基層レベルの重層構造が存在していることに着目し、台湾社会が基本的には戦前の日本統治下の社会と連続性があり、特に社会秩序、法治といった社会の基層的な部分が評価を得ていることを指摘する。また、日台双方が国交断絶後も、日本の周辺諸国中では最も友好的な関係を保っている理由として、台湾と日本には社会の基層レベルの親近性・共通性が存在し、そのことが政治・外交レベルにおいて、たとえ政治的リスクの大きい事案が発生しても、直ちに安全保障上の脅威と双方ともに認識せず、好意的イメージの形成に貢献していると論じている。

　続くシンガポールの符のコラムは、経済面だけでなく安全保障においても国

際的に大きな役割を果たすことになった日本に対し、そのこと自体が問題を複雑化させかねない懸念を示している。日本とシンガポールは戦後長らく、経済的に良好な関係を築いてきたが、第二次大戦時には、シンガポールを占領した日本軍が中華系住民を虐殺したため、今も複雑な感情が残ることを明らかにする。その上で、そのような感情が残るアジアで、日本が安全保障分野で関与を強めれば、そのこと自体が情勢を複雑化させる可能性があり、日本は経済など非軍事的側面で東南アジアの発展に協力する道を探るべきではないかと提言する。

　第8章のグエン論文は、ベトナムが1986年に対外経済開放に踏み切ったドイモイ（政策）政策の発表以降、ベトナムのメディアに映し出される日本および日本人のイメージを紹介する。国営ベトナム通信社で国際報道に携わってきたグエンは、対外開放後に入ってきたベトナム人にとって日本というのは、取りも直さず、電化製品や自動車、バイクなどの消費財であり、その中で日本の先進技術や高品質が肯定的に受け止められたと指摘する。また、NHKの連続テレビ小説「おしん」などのテレビドラマや映画を通して伝えられる日本の姿は、自然の美しさのほか、日本人の高い倫理観と忍耐強さとして受け入れられており、日本と日本人に関わるこのような肯定的な表象は、日越関係が今後もさらに発展する可能性があると論じている。

　これまで見てきたように、オーストラリアは日本にとり、米国がアジアにおいて張りめぐらせたハブアンドスポーク型の同盟を支える同盟国として、安全保障分野における緊密な協力関係を急速に深めるパートナーである。また、南シナ海における人工島の建設などをめぐり、中国の脅威に晒されているベトナムはドイモイ政策発表後から、日本と経済関係を深めてきたが、近年、安全保障分野の協力を急速に深めている。一方で、シンガポールはASEANの中でも、中国との関係が緊密ではあるが、他方で都市国家として繁栄を続けていくためには、地域の安定が不可欠である。また、親日と評価されることが多い台湾だが、軍事的にも経済的にも存在感を大きくしている中国との関係において、難しい選択を迫られており、日本の存在は政治的価値観を共有するパートナーとして重要であろう。

　日本にとって、外交・安全保障政策上の重要なパートナーであるこれらの国・地域が、日本の国際関与をどのように受け止めているかを知ることは、日本に

とっても極めて重要である。とりわけ、グローバル化とデジタル化の急速な進展により、情報は瞬時に国境を越えて共有される時代を迎え、グローバル化した国際社会に自らの意図を正しく伝え、正確なパーセプションを持ってもらうことが決定的に重要である。近年、日本をはじめ主要国各国がパブリック・ディプロマシーに力を入れているのも、こうした背景がある。

　上述のような意味において、本書所収のこれらの論考は、中国の台頭、世界各地で吹き荒れるテロリズムの嵐に象徴される国際秩序の揺らぎの中、日本が進む道を探る一助となるのではないかと思う次第である。

1. この懇談会の構成員や開催状況、報告書については首相官邸のホームページで公表されている。< https://www.kantei.go.jp/jp/singi/21c_koso/ >=2016年3月16日閲覧。また、懇談会における議論の内容は公刊されている。21世紀構想懇談会編『戦後70年談話の論点―歴史認識の座標軸』、日本経済新聞出版社、2015年。
2. 安倍晋三総理が2015年8月14日に発表した「内閣総理大臣談話」。全文は日本語、英語、中国語、ハングルの4言語で公表された。<http://www.kantei.go.jp/jp/97_abe/discource/20150814danwa.html>=2016年3月16日閲覧。
3. Jiji, 'U.S. lauds Abe WWII anniversary statement', *the Japan Times* (16 August 2015) .<http://www.japantimes.co.jp/news/2015/08/16/national/politics-diplomacy/u-s-lauds-abe-wwii-anniversary-statement/#.VyNnyoSLTIV>. オーストラリアについては次を参照。Philip Wen, 'Shinzo Abe expresses 'profound grief' for suffering Japan inflicted during WWII', *the Sydney Morning Herald* (15 August 2015) .<http://www.smh.com.au/world/shinzo-abe-expresses-profound-grief-for-suffering-japan-inflicted-during-wwii-20150814-gizlpf.html >. フィリピンについては次を参照。'On the Statement of Japanese Prime Minister Abe on the 70th Anniversary of World War II', Department of Foreign Affairs, the Republic of the Philippines,14 August 2015.=いずれも2016年3月16日閲覧。
4. 'China calls for sincere apology after Abe's statement', *Xinhua* (15 August 2015) .< http://news. xinhuanet.com/english/2015-08/15/c_134518666.htm>=2016年3月16日閲覧。
5. Jonathan Soble, 'Shinzo Abe Echoes Japan's Past World War II Apologies but Adds None', *the New York Times* (14 August 2015) .<http://www.nytimes.com/2015/08/15/world/asia/shinzo-abe-japan-premier-world-war-ii-apology.html>=2016年3月16日閲覧。
6. Editorial Board, 'Mr. Abe's peace offering on Japan's past', *the Washington Post* (14 August 2015) .< https://www.washingtonpost.com/opinions/mr-abes-peace-offering/2015/08/14/4b937bb6-42a7-11e5-8ab4-c73967a143d3_story.html>=2016年3月16日閲覧。

戦後70年を越えて　ドイツの選択・日本の関与
Beyond 70 Years after the World War II：International Engagement of Germany and Japan

[目次]

はじめに　［中村登志哉］ ……………………………………… 3

第1部　総論

〈第1章〉
戦後70年に思うこと
［渡邉昭夫］ ………………………………………………… 15

1. 3人の先人に聞く ………………………………………… 15
2. 「戦後」とは何か？ ……………………………………… 17
3. 「冷戦後」という名の第4の「戦後」 …………………… 18
4. 結び ──「戦後」を超えて ……………………………… 19

〈第2章〉
国際社会の対独観と海外派兵に揺れる国民意識
［中村登志哉］ ……………………………………………… 20

1. はじめに …………………………………………………… 20
2. 冷戦期のドイツ ──過去の克服と限定的なドイツ連邦軍の国際協調活動 … 22
3. 海外派兵に関する規範 …………………………………… 24
4. アフガニスタン派兵の終了とシリア空爆支援へ ……… 28
5. 大量難民の受け入れのジレンマ ──難民歓迎文化の終焉か ………… 35
6. 結びに代えて ──「ドイツ的ヨーロッパ」にある「ヨーロッパ的ドイツ」？ …… 44

[目次]

第2部　日本の国際関与

■〈第3章〉
福田ドクトリンとASEAN重視政策
——望ましく有用な日本人のイメージを形成するために
［井原伸浩］ ……………………………………………………………… 53

1. 序論 ……………………………………………………………………… 53
2. 日本のASEAN重視 …………………………………………………… 56
3. 福田ドクトリンとASEAN重視政策 ………………………………… 61
4. 結論 ……………………………………………………………………… 72

■〈第4章〉
非軍事手段による人的支援の模索と戦後日本外交
——国際緊急援助隊を中心に
［加藤博章］ ……………………………………………………………… 74

1. はじめに ………………………………………………………………… 74
2. 国際緊急援助隊前史 …………………………………………………… 77
3. 国際緊急援助体制強化と特別法制定 ………………………………… 82
4. 国際緊急援助隊法改正と自衛隊参加 ………………………………… 91
5. おわりに ………………………………………………………………… 97

■〈第5章〉
東アジアの安全保障における日本の役割
［徳地秀士］ ……………………………………………………………… 101

1. はじめに ………………………………………………………………… 101
2. 東アジアの安全保障環境 ……………………………………………… 102
3. この地域の秩序形成 …………………………………………………… 105
4. 日本の課題 ……………………………………………………………… 108

第3部　国際社会の対日観

■〈第6章〉
不安要因から特別な戦略的パートナーへ
――オーストラリアの対日認識の変容
[ニック・ビズリー　中村ゆかり 訳] ………………………… 113

1. 不安要因からフクシマへ ………………………… 114
2. 安全保障関係の変容 ………………………… 118
3. 結び ………………………… 125

■〈第7章〉
台湾社会の変遷と日本イメージ
[小金丸貴志] ………………………… 127

1. 台湾の日本イメージの重層性 ………………………… 127
2. 台湾社会の成り立ちと日本 ………………………… 128
3. 台湾ナショナリズムと日本 ………………………… 138
4. 日本の秩序形成の力 ………………………… 143

■〈column〉
シンガポール特派員から見た日本とアジア
[符祝慧] ………………………… 146

■〈第8章〉
ドイモイ後のベトナムにおける日本像
[グエン・ティ・トゥエン　井原伸浩 訳] ………………………… 150

1. 概説 ………………………… 150
2. ベトナム人の日本人像 ………………………… 152
3. 日本人の印象 ………………………… 157
4. 結び ………………………… 159

あとがき　[中村登志哉] ………………………… 160
著訳者紹介 ………………………… 164

第1部

総論

〈第1章〉
戦後70年に思うこと

渡邉昭夫

1. 3人の先人に聞く

　私一個の狭い主観に捉われずに、広い視野を持つために、まず3人の先人達の「戦後日本」についての意見を聞いてみよう。

　欧州中世史の大家である堀米庸三（1913〜1975）は『歴史の意味』所収の「日本史における戦後20年」で以下のように述べている。

- 「戦後」と「戦前」とは単純に切り離して対置できる二者択一の関係にあるものではない[1]。
- 「わたくしどもが感覚的に自明だと考える戦後二十年の歴史も、実は雲をつかむような広大な背景に連繫している」[2]。
- 「戦後二十年がはたして日本史の本質を探るに足る完結した時代か」[3]。
- 「戦後には、年々にめぐってくる八月十五日を境として、こし方をかえりみ、行手をのぞむ習慣がジャーナリズムに定着した。この戦後史についての回顧と展望は、年々その量をまし、分析を鋭くしてきている。今年は戦後二十年目に当る（明治百年でもある。渡邉注）というので、各誌は一層編集の新味を競っている、そこには戦後史の本質や時代区分などについて、それぞれ興味もあり確信にも満ちた諸説がある。その中に、戦後二十年の時代的性格のあいまいさを指摘する」幾つかの意見に注目したい。A氏「戦後史が一つの完結に達するには、四十年を必要とするであろう」、B氏「戦後の二十年は、われわれの歴史的興味を呼びおこす何かを持っているだろうか」、C氏「これを一つの時代として設定するにたる中心的事実も枠組

1　堀米庸三『歴史の意味』中央公論社, 1970年, p.211.
2　同上, p.211.
3　同上, p.212.

も容易に発見できない」[4]。

そして堀米氏は、「私どもはまだ行きつくべきところにいたっていない」、「日本史における戦後二十年の最終的判断を留保」すると言い[5]、「問題は国民としても個人としても、これだけすぐれた能力に恵まれた日本人が、どうしてこうもみずからの行為に自信がなく卑屈でありうるのか」[6]と問い、「戦後二十年の対外政治において、わたくしどもはかつて一度も追随外交以外の政策をきかない」「自民党の政府には外交上のプリンシプルがない」と結論を下す[7]。

次に、政治的リアリストの代表者と自他ともに認める永井陽之助（1924～2008）は『現代と戦略』において「戦略の本質とはなにか」と問い、自らその問いに答えて「自己のもつ手段の限界に見あった次元に、政策目標の水準をさげる政治的英知である」と述べる[8]。その立場から、「戦後の日本国民は、自らの力の限界を知り、その手段や資源に見あったレベルに、日本の対外政策の目標水準をおくこと、つまり低姿勢外交に徹してきた。これはすばらしいことといわなければならない。タックマン女史も、最近、急速につよまってきた日本のナショナリズムの動きを憂慮しながらも、戦後日本国民の偉大な英知を高く評価している。それは、敗戦という自己の体験のみならず、多くの他者の経験から学んだ日本国民の政治的英知である」と述べている[9]。

その永井氏が同書のなかで高く評価するフランスの国際政治学者レイモン・アロン（Raymond Aron）（1905～1983）はクラウゼウィッツの現代的解釈を説く『戦争を考える』の中で次のように述べている。

「私も現在日本で真面目な外交防衛に関する戦略の論議が活発になってきていることをよく承知している。三〇年間にわたって日本人は、あえていうならば、戦争と、それにともなった不幸の責任を斥けようとしてきた。彼らは過去

4　同上, pp.212-213.

5　同上, p.214.

6　同上, p.217.

7　同上, p.216.

8　永井陽之助『現代と戦略』文藝春秋, 1985, p.328.

9　同上, p.355.

の英雄的なモラルを忘れ、経済と産業の分野で——かつて軍事面で彼らが卓越していたように——卓越しようと決意したのである。そしてそれは日本人にとって「良き選択」だったろう。（中略）新たな問題は——ドイツでは日本以上に早いスピードで起っていることだが——自分たちの過去の意識への甦りということである。自己の過去を明確化する必要、あるいは少なくとも、そうすることの有益さが問題になっているのだ、それは郷愁も、罪悪感コンプレックスも抜きにして、過去を直視することができる、ということである。われわれが過去をどう生き、いまどう生きているか、ということにほかならない。私には、きわめて当然の現象に思えるのだ。有能な史学や社会学の専門家を数多く持つ日本国民が、三〇年前に起ったことによって戦争にかかわる一切の事柄を自分たちの関心対象から除外してしまうほど、自分を押し殺さねばならぬ理由はない（一九七八年三月二三日、パリにて）」[10]。

以上、戦後20年、30年、40年に先人が如何に「戦後日本」について論じてきたかを見た。そこで指摘されている様々な論点について私見を述べることは敢えて控えて、今われわれは戦後70年を回顧して如何に未来を展望すべきか？について以下に考えてみたい。

その前にそもそも戦後とは何かについて国際政治史の観点から整理して置きたい。

2.「戦後」とは何か？

アイケンベリー（John Ikenberry）の『アフター・ヴィクトリー』[11]によれば、戦勝諸国がどのような構想で戦後の国際秩序を構築したかが、その「戦後秩序」の耐久性を決める上で殊更に重要である。

第1の戦後、すなわちウイーン体制の形成に際して日本はまだ国際政治の圏外にいた。そして1853年にペリー艦隊が浦賀にやってきて、初めて日本は近代的な国際社会の一員となった。その前後の歴史は日本の歴史教育でも一般の

---

10 レイモン・アロン著, 佐藤毅雄他訳『戦争を考える』政治広報センター, 1978年, p. v-vi.
11 ジョン・アイケンベリー著, 鈴木康雄訳『アフター・ヴィクトリー——戦後構築の論理と行動』NTT出版, 2004年.

出版物でも最もよく語られる部分であろう。

　第2の戦後、第1次世界大戦後の「ベルサイユ体制」において日本は形の上では戦勝5大国の一つとしての地位を占めた。しかし、「戦後秩序」の形成と維持のために積極的に参加するというより「サイレントパートナー」と評されるような存在に止まった、のみならず「危機の20年」の終わりころには、独伊と組んだ「枢軸国」として世界の大多数の国からなる「連合国」を相手に戦う道へと入り込み、敗戦国になってしまった。

　第2次世界大戦後の秩序形成において主導権を握ったアメリカは、過去の経験、なかんずく、「ベルサイユ体制」の悲惨な失敗の歴史に学んで、自由で開かれた国際秩序の形成に力を注いだ。良かれ悪しかれ、このアメリカン・システムと切り離して、日本の「戦後」を語ることはできない。堀米が説くように、縦との関連、すなわち、明治以後の日本史との関連なしに、日本の「戦後史」を語ることができないのと同様に、横との関連なしに、それをすることはできないのである。

　1970年代に入って、このアメリカン・システムに揺らぎが生じてきたという認識が、アロンの言う、ドイツと日本での「過去の意識への甦り」の背景にあった。

3.「冷戦後」という名の第4の「戦後」

　アイケンベリーの説を否定するつもりはないが、第2次大戦後のアメリカ主導の国際秩序の形成過程において、強烈な対ソ感情が裏打ちになっていたことは、間違いがない。スティーブン・キンザー（Stephen Kinzer）の近著『ダレス兄弟』が改めてそのことを想起させてくれる[12]。

　そうであるだけに、1980年代末のソ連崩壊後の国際秩序は、悪くすれば地球大のアナーキーへと向かうし、うまくすれば「一つの世界」へ向かって収斂して行くのかも知れない。いずれにせよ、冷戦の勝利者がリーダーシップを発揮して明確な見取り図に基づいて「戦後秩序」が形成されるのではなく、グロー

12　スティーブン・キンザー著, 渡辺惣樹訳『ダレス兄弟——国務長官とCIA長官の秘密の戦争』草思社, 2015年

バリズムの名の下に、模索が続いている。その中で、日本も「積極的平和主義」の旗を掲げて、21世紀の秩序形成に一役買おうと努力している。これは永井陽之助が危惧するように、自己の力量を超えた「身の程知らず」の道へと戦後70年の日本は突き進みつつあると見るべきなのか？　それとも、グローバルな社会における有意義な存在として、戦後史にひとつの完結をもたらそうとしていると解釈するべきなのか？　いずれにせよ、アロン教授が説くように、郷愁も、罪悪感コンプレックスも抜きにして、過去を直視することの必要性を身に沁みて感じる昨今の情勢である。

4. 結び　──「戦後」を超えて

　具体的な提言としては、さしあたり次のことを述べておきたい。
　戦勝国対敗戦国という図式で「戦後」について語ることはやめようではないか。
　国際的に「戦後を超えて」どう進むのかが課題になっている以上、あたかも1945年で歴史がストップしているかのような言説は全く意味をなさないはずである。
　小さな感想を以って、話を閉じたい。
　天皇の訪問でパラオのペリリュー島への関心が高まったが、私自身が数年前に訪れたキリバスのタラワにて見た風景のことが念頭を離れない。そこで私が見たものは、広大な海原と青い空の他に、立派な米兵の共同墓地とそれに比して見劣りのする日本の戦没兵士のための墓地であった。しかも、そのみすぼらしい共同墓地にすら眠ることを許されない軍属たち（その多くは、朝鮮半島の出だという）の墓であった。恩讐を超えて戦場に散った霊を祀るのを忘れて戦後を超えることは果たしてできるのだろうか？

■〈第2章〉

国際社会の対独観と海外派兵に揺れる国民意識

中村登志哉

1. はじめに

　日本の戦後70年とその将来を考える時、もう一つの敗戦国であり、戦後、日本と同じように経済大国への道を辿ったドイツでは、戦後の安全保障規範はどう変化したのか、その国際協調活動はいかなる変遷を見せたのか、またそれによって国際社会の対ドイツ観はどう変化したのか、との疑問が浮かぶ。もちろん、日本とドイツの単純な比較が適切でないことは言うまでもない。日本は冷戦期、大国アメリカとの二国間同盟を軸にアジア一の経済大国に発展したものの、バブル経済の崩壊以降、失われた20年とも呼ばれる経済停滞から脱し切れず、安全保障分野においても、台頭する中国と向かい合わざるを得ない状況にある。一方のドイツは、冷戦期、東西両ドイツという分断国家として出発し、それぞれワルシャワ条約機構、北大西洋条約機構（NATO）という軍事同盟の加盟国となり、その後に分断を克服してドイツ統一を実現して25年余り、いまや欧州一の大国になった。欧州連合（EU）・NATO拡大の結果、現在では近隣をすべて友好国に囲まれ、伝統的安全保障分野では特に大きな問題を抱えていない状況である。そして、むしろ非伝統的安全保障分野であるテロ対策が重要になりつつある。

　しかしながら、両国がそれぞれ欧州、アジアにおいて地域の信頼回復に努力し、その一環として抑制的な外交・安全保障政策を続けながら、世界有数の経済大国の地位を築いたことは興味深い共通点であり、学術的にも国際的な関心を集めてきた[1]。その意味で、日本と同じく抑制的な同政策を採ってきたドイツ

1 　これらの業績としては次を参照。Thomas U. Berger, *Cultures of Antimilitarism: National Security in Germany and Japan* (Baltimore: Johns Hopkins University Press, 1998) ;

の国際協調活動と、それを見る国際社会とドイツ国民の世論を本章で検討することは、日本の戦後と今後を考える上で、一つの比較の視座として有益な材料を提供してくれるであろう[2]。

　本章では、以上の問題意識に鑑み、ドイツが国際社会の中で戦後どのような軌跡をたどってきたかをその外交・安全保障政策を中心に検討する。すなわち、ドイツが戦後進めてきた外交・安全保障政策を、特に海外派兵への対応を中心

Peter J. Katzenstein, *Cultural Norms & National Security* (Ithaca: Cornell University Press, 1996)；John S. Duffield, *World Power Forsaken: political culture, international institutions, and German security policy after unification* (Stanford, Calif. : Stanford University Press, 1998)；Sebastian Harnisch and Hanns W. Maull (eds.), *Germany as a Civilian Power?: The foreign policy of the Berlin Republic*, (Manchester: Manchester University Press, 2001)；Jeffrey S. Lantis, *Strategic dilemmas and the evolution of German foreign policy since unification* (Westport, Conn. : Praeger, 2002)；Kerry Longhurst, *Germany and the use of force: the evolution of German security policy 1990-2003* (Manchester: Manchester University Press, 2004)；Sebastian Harnisch, Cornelia Frank, and Hanns W. Maull (eds.), *Role theory in international relations: approaches and analysis* (London : Routledge, 2011)；Alexandra Sakaki, *Japan and Germany as Regional Actors: Evaluating change and continuity after the Cold War* (Oxon: Routledge, 2013)；Carolin Hilpert, *Strategic Cultural Change and the Challenge for Security Policy: Germany and the Bundeswehr's Deployment to Afghanistan* (New York: Palgrave Macmillan, 2014)．

2　筆者はこのような観点から、ドイツとの比較の視座を入れ、ドイツおよび日本の外交・安全保障政策について研究を進めてきた。主な業績として次を参照。ドイツについては、中村登志哉『ドイツの安全保障政策―平和主義と武力行使』(一藝社、2006年)、中村登志哉「欧州安全保障秩序とドイツ：メルケル政権の課題とディレンマ」『日本EU学会年報29号』(有斐閣、2009年4月、203-221頁)、中村登志哉「ドイツの安全保障規範の変容―1999- 2011年の海外派兵政策」『言語文化論集』(名古屋大学、第35巻第1号、2013年11月、105-124頁) など。日本については次を参照。Toshiya Nakamura, "Japan: reshaping its regional and global role?" in Algieri, F. und Kammel, A. H. (eds.), *Strukturen globaler Akteure: Eine Analyse ausgewählter Staaten, Regionen und der EU* (Baden-Baden: Nomos Verlaggesellshaft, 2010), pp.83-96; Toshiya Nakamura, "Japan's changing security policy and the 'Dynamic Defence Concept'" in Shearman, P. (ed.), *Power Transition an International Order in Asia: Issues and Challenges* (London & New York: Routledge, 2013), pp.103-123.

に概観した上で[3]、次の点に着目する。まず、冷戦期のドイツ連邦軍がどのような国際協調活動に参画してきたかを辿り、その中でいかなる海外派兵の原則が形成され、維持されてきたかを明らかにする。連邦軍の国際協調活動への参加は、国際世論はもとより、国内世論の支持なしには継続できない。従って、ドイツ国内の世論が国際協調活動をどのように見ているかを、次に検討する。ドイツの国際協調活動の中でも最大・最長の国際協調活動となったアフガニスタン「国際治安支援部隊」（International Security Assistance Force, ISAF）への派兵に対するドイツの国内世論に焦点を当てる。一方、ここ数年国際社会における対独観の形成に大きな影響を与えているドイツによる難民受け入れと非伝統的安全保障分野であるテロ対策が交錯する大量難民受け入れのジレンマを検証する。2015年から2016年初頭にかけてそのジレンマは最高潮に達した。こうした分析を通じ、ドイツは今後どのようなパワーを目指しているかを明らかにし、最後に、現時点でどのような国際社会における対独観が形成されることにつながっているかを検討する。

2. 冷戦期のドイツ——過去の克服と限定的なドイツ連邦軍の国際協調活動

　第二次世界大戦後、ドイツはドイツ連邦共和国（西ドイツ）とドイツ民主共和国（東ドイツ）の東西に分断され、朝鮮半島における大韓民国（韓国）、朝鮮民主主義人民共和国（北朝鮮）両国とともに、分断国家として存在してきた。ドイツが1990年10月3日に統一を達成するまでの半世紀近く、西側陣営に属する西ドイツと、共産主義陣営に属する東ドイツに分断されていたわけである。統一に際しては、旧東ドイツ地域が5州と東ベルリンに再編され、それぞれが連邦共和国に加入する形で実現し、ドイツ連邦共和国が拡大する形になった。

　ナチス・ドイツが第二次世界大戦中、ポーランドやチェコスロバキア、バルカン半島、フランスなど欧州の地を軍靴で荒らし、ユダヤ人虐殺を実行したという歴史的経過を踏まえ、ドイツは欧州の地で戦争を引き起こさないよう、不

3　邦語文献では、例えば西田慎・近藤正基編『現代ドイツ政治』（ミネルヴァ書房、2014年）参照。特に、同書の近藤正基「キリスト教民主同盟」30-56頁、妹尾哲志「社会民主党」57-82頁、葛谷彩「外交政策」、200-224頁参照。

戦の誓いを求められた。とりわけ西ドイツにおいては、ドイツ兵が各地へ出動すること自体が政治的に問題となりかねないため、ドイツ連邦軍の出動に関しては極めて慎重に取り扱われたのである[4]。

具体的には、冷戦下の西ドイツにおいては、基本法（Das Grundgesetz、憲法に相当）の規定を理由として、NATO加盟国の領土・領空・領海を越えた地域には、基本的に連邦軍を派遣しない政策をとってきた。NATO域外への派兵、いわゆる「域外派兵」（out-of-area Einsätze）と呼ばれる軍事行動を控えてきたのである。近隣諸国、とりわけナチス・ドイツに侵略された国々は当時、西ドイツが軍事的に大きな役割を担うことに対して依然として警戒的だったため、域外派兵を控える政策については、同国が安全保障上の脅威にならないことを担保する平和主義的政策を象徴するものとして歓迎した。西ドイツにおいても政策として次第に定着していったのである。

ところが、冷戦終結直後の1990年8月に発生した湾岸危機が状況を一変させた。イラクが隣国クウェートに軍事侵攻し占領したことに対し、国際社会が撤退を強く求めたのである。イラクが撤退に応じなかったため、国連安全保障理事会決議に基づいて、米国を中心とする多国籍軍が組織され、イラク撤退を実現するため、湾岸戦争が開戦したのである。

その際、多国籍軍の主力を担ったのはNATO同盟国であった。統一直前の西ドイツも米国から連邦軍の派兵を強く求められたが、域外派兵に相当するとして派兵要請を断り、代わりに戦費の財政負担を申し出た。しかしながら、この姿勢が、ドイツ統一という国際政治上の大きな果実を手にしながら、国際社会の秩序安定に寄与せず、財政負担だけで済まそうとしている「小切手外交」と厳しく批判された。平和主義の象徴と歓迎された政策は一転、国際社会から身勝手な政策という非難の対象になってしまったのである[5]。

ヘルムート・コール（Helmut Kohl）首相は湾岸危機発生当初、域外派兵を基本法上、許されないという立場を示していた。ところが、中東だけではなく、次第に情勢が悪化する旧ユーゴスラビアなどを見据え、1991年5月にNATOや欧州共同体（EC、当時）の枠組みにおいて、NATO域外へも派兵

---

[4] 詳細は、中村、前掲書、2006年を参照。
[5] 詳細は、中村、前掲書、41-48頁。

できるよう、基本法の改正を目指す方針を明らかにした。しかし、改正に必要な連邦議会における3分の2の多数を確保できるめどは立たなかった。

旧ユーゴスラビア情勢の悪化などを受けて、ドイツ政府は基本法を改正しないまま、国連決議に基づくNATOや西欧同盟（WEU、当時）の枠組みによる域外への軍事行動へ相次いで参加していった。これに対し、最大野党、社会民主党（SPD）だけでなく、連立与党の自由民主党（FDP）までが、これらの派兵が基本法に抵触する可能性があるとして連邦憲法裁判所に提訴するに至り、域外派兵をめぐる論争は政治から司法へと持ち込まれたのである。

旧ユーゴスラビア紛争に関連する艦船派遣と早期警戒管制機への搭乗、ソマリアへの派兵の3事例に関する4件の訴訟について、連邦憲法裁判所は1994年7月、判決を下し、連邦議会の事前の承認を条件として合憲とする判断を示した。これにより、域外派兵に関する憲法論争には終止符が打たれ、ドイツは旧ユーゴスラビア、カンボジアなどへ、域外派兵を積極化させていった。

3. 海外派兵に関する規範

第二次世界大戦に敗北し、分断国家として出発した西ドイツの外交・安全保障政策は、言うまでもなく東西冷戦の国際秩序と二度の世界大戦の経験の影響を受けてきた。まず、冷戦期を通じて武力行使に抑制的な文化が形成されたとするカッツェンシュタインやバーガーらの学説[6]を踏まえつつ、シビリアン・パワーという概念がドイツの外交・安全保障政策の決定に関与しているとするハルニッシュおよびマウル[7]の議論を発展させ、連邦軍の国際協調活動を考え

6　Berger, *op.cit.* pp.193-211

7　Sebastian Harnisch and Hanns Maull, "Introduction", in Harnisch. S./Maull, H. (eds.), *Germany as a Civilian Power? The foreign policy of the Berlin Republic* (Manchester/New York: Manchester University Press, 2001), pp.1-9. シビリアン・パワーという役割概念にとって重要な規範は、①国際的協調活動の促進者ないしは先駆者として国際社会の民主化に取り組む意欲と能力を保持すること、②主権や自治権を、集団的安全保障を促進する超国家機関に譲り渡す意思があり、一国での行動に反対すること、③一時的に国益を断念することにつながる可能性があっても民主的な国際秩序を実現する意欲があることだとしている。(p.4)

る上で基本的決定要因として働いてきた原則について説明する[8]。

　マウルによれば、コソボ紛争への対応を例にとり、ドイツの外交政策に根付く価値観、規範があるとみる。すなわち、もっともよく表現されるスローガンとして、「多国間主義（Never Alone）」と「不戦（Never again）」である[9]。すなわち、第一の原則である多国間主義は、西側民主主義陣営の一員であることに根差したものであり、単独主義の回避の原則であり、多国間枠組みの重視である。ドイツが多国間の枠組みを重視するのは主に、過去にドイツ独自の行動（Der deutsche Sonderweg）を是として単独で行動（Alleingang）したことが招いた悲劇に由来するとともに、分断国家であり東側陣営と対峙する最前線にあった西ドイツとしては、国家存続のために多国間枠組みが必要不可欠であったことから来ている。西ドイツが冷戦初期から欧州統合を一貫して推進してきたのはこのためであり、多国間の枠組みの中に自国を組み込むことは、ドイツの国益に適うものであった[10]。多国間枠組みを重視し、同盟の一員として行動することは、分断国家として東側陣営の最前線にあったドイツにとっては非常に重要であり、過去の国防白書においても、同盟の一員であることは繰り返し強調されてきたことにも顕著である。例えば、『一九七〇年国防白書』[11]以来、「同盟の中の連邦軍」が謳われ続けている。ドイツにとっての「同盟」とは、言うまでもなく国連であり、NATOであり、EU（当時のEC）であり、欧州安全保障機構（OSCE、旧CSCE）であった。つまり、常に西側同盟の一員として、多国間の枠組みを重視して協調活動することが原則の一つを構成してきた。

　次の「不戦（Never again）」は、ナチス・ドイツの侵略によって欧州の地

8　詳細は次を参照。中村登志哉（2013年）、105-124頁。
9　Hanns Maull, Germany's foreign policy, post-Kosovo: Still a 'Civilian Power', in Harnisch, S./Maull, H. (eds.) *op.cit.*, pp.106-127, 特にpp.117-119. Hanns W. Maull, Foreign policy: From 'civilian power' to 'trading state'?, in Colvin, S. (ed). *The Routledge Handbook of German Politics & Culture* (Oxon: Routledge, 2015), pp.409-424.
10　Timothy Garton Ash, *In Europe's Name: Germany and the Divided Continent* (New York: Random House, 1993).
11　Bundesministerium der Verteidigung, *Weißbuch 1970* (Bonn: Presse- und Informationsamt der Bundesregierung, 1970), S.12-13.

に甚大な災いを残したドイツの責務として、ドイツの地から二度と戦争を起こさないという不戦の原則である[12]。これは、二度の世界大戦の経験を通じて侵略戦争に対する反省とともに、ドイツ国内には軍事組織に対する忌避感、反軍国主義（anti-militarism）が生まれたとするコンストラクティビストの主張に通じている[13]。より正確に言えば、自国防衛のための武力行使を除いた上での不戦の原則である。この原則から、ドイツは政策手段としての武力行使を正当なものだとは見なしてきたとは言えない[14]。この武力行使に対する自制から、ドイツが国際社会への貢献をする場合に、資産凍結などの経済制裁や、人道援助や民生支援を選択する傾向がある。

　第三の柱は、やはり第二次世界大戦においてドイツがアウシュヴィッツに代表される強制収容所で引き起こした非人間的・暴力的過去への反省から、それらと決別し（no more Auschwitz）、アウシュヴィッツで起きた殺戮行為を許さないという決意があると言える[15]。過去の過ちに対する贖罪の意味から、人権侵害についてもこれを決して許さないというものである。これは一面では、第二の原則で言及した不戦の原則とも通底している。ドイツは二度と戦争を引き起こさないという誓いは、大量殺戮を繰り返さないことにつながるからである。しかしながら、第三国が引き起こした大量殺戮の場合は、不戦の原則との間で矛盾が起きる場合がある。ある地域の紛争においてある民族が他の民族の抹殺を企図し民族浄化政策のもと甚大な殺戮行為が行われているとき、大量殺戮を阻止するために武力行使が手段として採用される時、第二の不戦の原則を破ることになるからである。逆に不戦の原則を優先し、軍事的手段にドイツが参加しない決定をすることにより、そのような殺戮行為が続き、人権侵害が止まらない場合は、第三の原則が阻却されることになる。この原則はとりわけ、旧ユーゴスラビアのコソボ自治州における弾圧行為をやめさせるため、

12　*Ibid.*, pp.117-118.

13　Berger, *op.cit.*, pp.193-211.

14　Longhurst, *op.cit.*, pp.45-48.

15　こうした倫理や価値に軸足を置く協調活動については、Judy Dempsey, „Einsatz für Europas Werte—Demokratie und Menschenrechte: Berlins Führung wird dringend gebraucht", *Internationale Politik*, Nr.3 (Mai/Juni 2012), S.32-39.

NATOによる空爆作戦にドイツが参加する際に、政府側からしばしば持ち出された[16]。

　これらの原則は冷戦期にはほぼ尊重されていたが、冷戦終結後は、原則間に相互に矛盾が生まれることが起きた。例えば、先に触れたコソボ紛争である。旧ユーゴスラビア連邦の崩壊に伴って、1996～1999年にユーゴスラビア軍およびセルビア人勢力と、コソボ自治州独立を求めるアルバニア人を主とするコソボ解放軍とのコソボ紛争では、NATOは1999年3月からセルビアへの空爆を行い、すべての加盟国が関与する中、ドイツ連邦軍もトルネード戦闘機が攻撃に参加した。この関与では、単独主義の回避と不戦の原則の矛盾が生じたが、前者が優先されたのである。この参加により、域外派兵開始後10年足らずで、不戦の原則は破られた。

　そして、9.11同時多発テロ以降のテロとの戦いの中で、国連安保理決議に基づき、アフガニスタンで展開されることとなった「国際治安支援部隊」（International Security Assistance Force, ISAF）がNATO指揮の下、2001年末に開始されると、ドイツ連邦軍も同部隊に参加した。暫定政権発足間もないアフガニスタンは治安も悪く、ドイツ国民の理解を得るのは容易ではなかった。このためドイツ連邦政府は、国民に対しては、同地での連邦軍活動は「復興支援」であると位置づける一方で、同盟国に対しては、同盟国としての果たすために派兵した形をとった。しかし、もしドイツ連邦軍に犠牲が出れば、国内世論に対して説明がつかないため、NATOに対しては危険な北部地域に展開することは拒否する一方、国内的には危険な地域には連邦軍を送っていないとして、従来の政策の範囲での派兵であり、「不戦の原則」を守っている体裁をとったのである。ところが、派兵から数年で連邦軍兵士の犠牲が50人以上に上るなどの実情が明らかになるにつれ、アフガンではタリバーンなどとの戦闘が不可避になっているという認識が一般市民の間に広がり、後で見るように、派兵反対の声が増えていく。

　アフガニスタンへのドイツ連邦軍の派兵を毎年延長する法案を可決する一方で、ドイツ政府は安全保障政策の柱として、2006年の国防白書で「包括的安全保障（Vernetzte Sicherheit）」という考え方を打ち出した。これは、軍

16　Maull, *op.cit.*, pp.118-119.

事力による秩序維持とともに、またはそれ以上に紛争地域の再建や戦後復興、経済開発が重要だという考え方に立ち、民生を中心に国際安全保障へ関与し、責任を担うという発想である。このころまでには、NATOも拡大を遂げ、NATOが包摂する地域が拡大したこともあり、ドイツ連邦軍の派兵は、当初の「域外派兵」から「海外派兵」(Auslandseinsätze)と呼ばれるようになった。EUが主体となる活動では、新しく打ち出されたこの民生重視の「包括的安全保障」に合致するミッションのいくつかにドイツ連邦軍が参加している[17]。

4. アフガニスタン派兵の終了とシリア空爆支援へ

　このように冷戦期、冷戦後、そして21世紀と、国際情勢の変化に応じてドイツ連邦軍の国際協調活動の範囲は徐々に「拡大」してきた。国際社会からは紆余曲折はありながらも一定の評価を維持し、ドイツの国際社会での地位は強固になり、国際社会の対ドイツ観も第二次世界大戦時から比べると、飛躍的に改善したといえる。しかしながら、とりわけ9.11同時多発テロ以降に国際社会が取り組むテロとの戦いにドイツ連邦軍が関与する中で、ドイツ国民の間にいくつかの変化が表れてきている。ここでは、ドイツ連邦軍の国際協調活動に対する国民世論の変化と、新たな様相を見せ始めつつある国際社会のテロとの戦いについて考察する。

　2001年から2014年までの14年間にわたる、戦後最大かつ最長のドイツ連邦軍の国際協調活動となったアフガニスタンへの派兵[18]は、ドイツに少なくと

17　ドイツ連邦軍の海外派兵をEUの共通安全保障・防衛政策(CSDP)および共通外交・安全保障政策(CFSP)との関係を中心に分析した森井裕一「共通安全保障・防衛政策とEU構成国の外交政策―ドイツの事例を中心として」、森井裕一編『地域統合とグローバル秩序―ヨーロッパと日本・アジア』(信山社、2010年)、182-205頁を参照。

18　アフガニスタン派兵については、連邦軍で実務に携わった専門家らによる学術書も刊行され、研究が進んでいる。例えば、アフガニスタン派兵を含む海外派兵の司令官を務めたライナー・グラーツ将軍(Rainer Glatz)らが編集し、国防省・連邦軍関係者や研究者のほか、アフガニスタン派兵報道に携わった国内外の報道関係者らが、14年間にわたる駐留を多面的に分析した論文集が出版された。Rainer Glatz/Rolf Tophoven. (Hrsg.), *Am Hindukusch-und weiter? Die Bundeswehr im Auslandseinsatz: Erfarungen, Bilanzen,*

も二つのことをもたらした。一つは、50名を超す犠牲者と多数の負傷者を出した国際協調活動への参加になったということ、もう一つは、その事実は戦後の長きにわたって平和主義を貫いて生きた国民にとって、進んで引き受けたい責任ではないということを痛切に感じる機会となったことである。

まず、ドイツ国民がドイツの国際社会における行動をどのように捉えているかから見てみる。ドイツ連邦軍軍事史・社会科学センター（Das Zentrum für Militärgeschichte und Sozialwissenshaften der Bundesehr, ZMSBw）が実施してきたドイツ国民の安全保障・安全保障政策に関する世論調査[19]による

Ausblicke（Bonn: Bundeszentrale für politische Bildung, 2015）. このほかUlf von Krause, *Die Afghanistaneinsätze der Bundeswehr: Politischer Entscheidungsprozess mit Eskalationsdynamik*（Wiesbaden: VS Verlag, 2011）, Anja Seifert/Phil C. Langer/Carsten Pietsch（Hrsg.）, *Der Einsatz der Bundeswehr in Afghanistan*（Wiesbaden: VS Verlag 2012）； Ina Wiesner（Hrsg.）, *Deutsche Verteidigungspolitik*（Baden-Baden: Nomos Verlag, 2013）； Imken Heitmann-Kroning, *Deutsche Sicherheitspolitik zwischen „never alone" und „never again": Der Auslandseinsatz der Bundeswehr in Afghanistan*（Opladen: Verlag Barbara Budrich 2015）. ドイツ国際安全保障問題研究所（SWP）で上級研究員を務めるグラーツ将軍には2015年9月22日、アフガニスタン派兵に関して聞き取り調査をさせていただく機会に恵まれた。本稿にはその調査結果が反映されている。本研究の学術的意義を認め、調査に協力していただいたグラーツ将軍、並びに同研究所に対し、記して心からの感謝を申し上げる。
19　2015年の調査は、同年9月8日〜10月30日に、16歳以上のドイツ国内に居住するドイツ国民2653人に対してコンピューターを使ったインタビューによって回答を得た。Heiko Biehl, Chariklia Höfig et al, *Sicherheits- und verteidigungs politisches Meinungsklima in der Bundesrepublik Deutschland - Ergebnisse und Analysen der Bevölkerungsbefragung 2015 -*（Potsdam: Zentrum für Militärgeschichte und Sozialwissenschaften der Bundeswehr, Dwzember 2015）. <http://www.zmsbw.de/html/aktuelles/aktuelleergebnissederbevoelkerungsbefragung2015deszmsbw?teaser=0&PHPSESSID=d7bd91729f63af969439644603f43d42> 2016年5月1日閲覧。2013年の調査は5月13日から6月29日に16歳以上の2500人を対象に実施された。Meike Wanner und Heiko Biehl, *Sicherheits- und verteidigungspolitisches Meinungs- klima in der Bundesrepublik Deutschland - Ergebnisse der Bevölkerungsbefragung 2013 –*（Potsdam: Zentrum für Militärgeschichte und Sozialwissenschaften der Bundeswehr, 2014）また、これらの世論調査結果やその背景に関して、世論調査の実施・分析において中心的役割を果たしたハイコ・ビール研究員（Dr. Heiko Biehl）には2015年

と、ドイツが国際社会で担うべき責任は近年増大したと考える国民が、2013年は回答者の63％、2015年は73％に及んだ。どのような外交・安全保障政策が望ましいかという点に関しては、グラフ1に示すように、「どちらかといえば、積極的な政策をとり、諸問題・危機・紛争の克服に力を貸すべきである」と「どちらかといえば、自国の問題に集中し、他国の諸問題・危機・紛争にはできるだけ関与しないようにすべきである」の積極的行動と非積極的行動の二択の回答では、2000年の調査結果以降2013年まで回答は拮抗してきた[20]。そして、2007年に一時的に積極的行動を支持する回答の方が非積極的行動の支持を上回ったものの、非積極的行動の支持は2002年頃から続いていることになり、時期的にはアフガン派兵が始まった時期とほぼ重なっている。そして、2014〜2015年は積極的政策を支持する国民の割合が急増し、この調査結果は内向き傾向が影を潜めたかの印象を与える。しかし、2014年に関しては別の外務省の世論調査結果では、内向き志向はむしろよりはっきりしている。回答者の68％が、外交政策に「非常に強い」（12％）ないしは「強い」（56％）関心を持っていると回答しながらも、国際社会における危機的な状況に対する関与に対しては、「ドイツはより積極的に関わるべきだ」との回答者が37％にとどまる一方で、「ドイツはむしろ関与を差し控えるべきだ」と回答した人は60％にも上った[21]。そして、2015年に関しては、この調査がシリアの紛争を逃れてヨーロッパに向かうボートの転覆により死亡したとみられるシリア3歳児の溺死写真が世界中に報道された[22]2015年9月3日のすぐ後に実施されていることである。積極的

9月23日、ポツダムのオフィスで聞き取り調査を実施した。記して感謝申し上げるとともに、その調査結果も本稿に反映されていることを付記する。

20　Heiko Biehl, „Einstellungen zum außenpolitischen Engagement Deutschlands", in Wanner, M./Biehl, op.cit., p.p.37–44.

21　Körber-Stiftung, Körber-Stiftung（2014）. *Einmischen oder zurückhaltern? - Ergebnisse einer repräsentativen Umfrage von TNS Infratest Politikforschung zur Sicht der Deutschen auf die Außenpolitik -*. 2014. <http://www.koerber-stiftung.de/fileadmin/user_upload/internationale_politik/sonderthemen/umfrage_aussenpolitik/Koerber-Stiftung_Umfrage_Aussenpolitik_Broschuere.pdf>, p.2-3, 2015年10月7日閲覧。

22　Arno Frank, ‚Mit Wucht durch den Wahrnehmungspanzer ', *Zeit Online*（September 3, 2015）http://www.zeit.de/kultur/2015-09/fluechtling-mittelmeer-bodrum-toter-junge-

〈第2章〉国際社会の対独観と海外派兵に揺れる国民意識

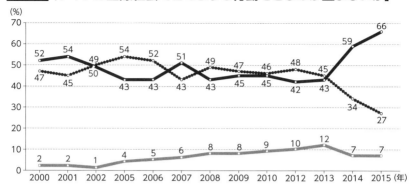

グラフ1「ドイツは国際社会でどのような行動をとるのが望ましいか」

― どちらかといえば、積極的な政策をとり、
　諸問題・危機・紛争の克服に力を貸すべきである。
‥‥ どちらかといえば、自国の問題に集中し、
　他国の諸問題・危機・紛争にはできるだけ関与しないようにすべきである。
― わからない

（出典）ドイツ連邦軍軍事史・社会科学センターの各年データより、筆者作成。

政策を支持する国民の割合が66％に及んだ2015年の調査では、その支持理由のトップが「道徳的義務ないしは他の人間に対する義務」（77％）となっている[23]ことから、同写真の報道が大きく影響を与えた可能性がある。

　次にドイツ連邦軍が参加した国際協調活動の間で、アフガン派兵をドイツ国民がどのように受け止めているかを見ておく。アフガニスタンにおけるISAF活動参加への支持は押しなべて低いことがまず指摘できる。アフガン派兵への支持率は過半数に満たず、むしろ支持しない国民（47％）の方が、支持する国民の割合（43％）を上回った[24]。コソボ（56％）、ソマリア沿岸の活動（53％）などの他の国際協調活動では、過半数以上の国民が支持を表明しており、不支持を上回っていることを考えると、アフガン派兵への支持の低さが際立つ。た

---

syrien．2016年5月1日閲覧。

23　Markus Steinbrecher, „Einstellungen zum außen und sicherheitspolitischen Engagement Deutschlands", in Heiko Biehl, Chariklia Höfig et al, op.cit., S.66.

24　Meike Wanner, „Einstellungen zu den Auslandseinsätzen der Bundeswehr und Bewertung des ISAF-Einsatzes der Bundeswehr", in Wanner, M./Biehl, H., *op.cit.*, S.49 – 64.

だ、ずっと支持が低かったわけではない。2006年から2009年までは支持が不支持を上回っていた。2008年には63％と、最も高い支持率を記録した。しかし、2010年に支持と不支持の割合が逆転し、2012年には38％と最低の支持率を記録して以後、支持の割合が不支持を下回る状況が続いた。

こうした支持率の増減の理由はどこにあるのか。増減の理由をドイツ連邦軍が参加したミッションが成功だったと受け止められるか否かに求める研究がある[25]。ドイツ連邦軍軍事史・社会科学センターの世論調査結果をこの観点から検証してみよう。2013年から選択肢が変更されて、過去データとの有効な比較ができないため、比較可能なデータのうち最新となる2012年と、上述の通り支持が不支持を上回っていた期間のうち2008年を比較したのが、グラフ2である。「あなたが知っていることから判断して、連邦軍のISAFへの参加は成功だと考えますか、失敗だと考えますか」との問いに対し、支持（62％）が不支持（34％）を大きく上回っていた2008年は、連邦軍のISAFへの参加を成功と認識した回答者（36％）が失敗とした回答者（17％）を上回っていた。しかし、支持と不支持が逆転し、不支持（55％）が支持（38％）を大きく上回った2012年は、ミッションの成功と失敗の認識も逆転し、連邦軍のISAFへの参加を失敗と認識した回答者（36％）が成功とした回答者（24％）を上回っており、このミッションを成功とするか失敗と認識するかが、同ミッションへの支持・不支持につながっていることになり、先のミッションの成否の認識と賛否を関連させる主張を一定程度、裏づけている。

そして、もし国民の成否の認識がそのミッションの賛否に影響を与えているのであるとすれば、その観点から重大な出来事が2015年9月に起きている。アフガニスタンの北部の町クンドゥスが再び陥落し、イスラム原理主義組織タリバーンの支配下に渡ったのである。ドイツ連邦軍が2001年から駐留していた地はこのクンドゥス地方にあった。ドイツはこのアフガニスタンにおけるドイツ連邦軍の国際協調活動において56名（2016年2月時点）の兵士を失っている。その多くがクンドゥスの周辺で命を落としていることからも、同地は連邦軍にとってアフガニスタン派兵のシンボル的な性格を有している。従って、

25　Rüdiger Fiebig, „Die Deutschen und ihr Einsatz-Einstellungen der Bevölkerung zum ISAF-Einsatz", in Seiffert, A./Langer, P./Pietsch, C.（Hrsg）, *op. cit.*, S.187–204.

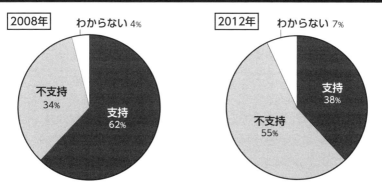

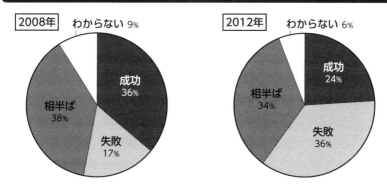

(出典)ドイツ連邦軍軍事史・社会科学センターの当該年データより、筆者作成。

連邦軍のアフガニスタン派兵などの支援は無に帰したのか[26]、という疑問の声が上がった。このクンドゥス陥落は連邦軍のアフガン派兵に対する国民の成否の認識に影響を及ぼすのは必至と考えられ、今後のドイツ連邦軍の国際協調活動にも少なからず影響を与える事態も想定される。

しかしながら、2015年にはもう一つ、国際社会のテロとの戦いに影響を与える事件が起こった。同年11月に起きたパリにおける同時多発テロ事件である。9.11同時多発テロ事件は周知の通り、対岸の米国で起きたものだったが、

26　Ulrike Scheffer, „Land ohne Frieden", *Der Tagesspiegel*,（September 29, 2015）.

パリのそれは同じ欧州大陸、EU主要国におけるテロという意味で、ドイツ連邦軍のみならず、EUの国際協調活動に大きな影響を与えた。フランスのバルス首相（Manuel Valls）はイスラム過激派組織「イスラム国」（IS）との「全面戦争に入った」と述べ、同国はシリアにあるISの拠点に対して大規模な空爆を開始した。フランスのこうした軍事的展開は欧州連合の主要国としてドイツ、ひいてはドイツ連邦軍の動向にも当然のことながら影響を与えた。EUを共に率いてきたフランスがテロ攻撃を受けた今、9.11米国同時多発テロに端を発した対イラク戦争への参加をかつて見送った時のように、ドイツが支援しないという選択は不可能な選択であった。例えば、ドイツの元駐米・駐英大使で、2008年以来ミュンヘン安全保障会議議長を務めるヴォルフガング・イッシンガー氏（Wolfgang Ischinger）は「パリへの攻撃は我々とEUへの攻撃であり、したがって協力して対処しなければならない。欧州連合条約にも協働条項がある[27]」と述べ、「欧州はシリアにおける内戦終結のイニシアティブを、前世紀にそうしたように米国やロシアに任せるべきではない」として、パリにおける同時多発テロ以降のテロとの戦いにおいては、欧州が国際社会でより大きな役割を果たすべきだと主張した。

　ドイツ政府が出した結論は大方の予想通りであった。政府は2015年12月1日、1200人という戦後最大規模の海外派兵を閣議決定し、同月4日のドイツ連邦議会では賛成445票、反対146票、棄権票7票でシリアへのドイツ連邦軍の派遣を決定、2016年1月8日には派遣先のシリアでパナビア・トルネード戦闘攻撃機を使った初の偵察飛行を開始した。こうして、フランスにおけるテロをきっかけに、ドイツ国民世論のアフガン派兵に対する不支持が継続する中、ドイツ連邦軍の国際協調活動は新たな展開を始めた。そして新たな派遣先であるシリアが主たる原因となっている大量難民の流入がドイツ国内の世論、引いてはメルケル政権の基盤を揺るがしかねない事態に発展していく様相を次節で考察する。

27　„Der Angriff in Paris ist ein Angriff gegen uns", *Handesblatt*, (November 29, 2015). <http://www.handelsblatt.com/my/politik/deutschland/sicherheitsexperte-ischinger-der-angriff-in-paris-ist-ein-angriff-gegen-uns/12654918.html>. 2016年1月11日閲覧。

5. 大量難民の受け入れのジレンマ──難民歓迎文化の終焉か

　戦後の国際社会の対ドイツ観を形成した要因の一つに、「難民歓迎の文化（Willkommenskultur）」がある。ドイツは戦後、ナチス時代にユダヤ人を迫害した過去への反省から、人道的な難民庇護を実施し、難民受け入れに寛容な国というイメージを形成してきた[28]。この政策は、戦後を通じて国際社会の対ドイツ観の改善に大きく貢献してきたが、急速に拡大した大量難民受け入れは、非伝統的安全保障分野であるテロ対策との間で板挟みの状態となったのである。2015年後半から2016年初頭にかけて、そのジレンマは最高潮に達した。本節では、戦乱のシリアやイラクから逃れ、欧州、とりわけドイツに大量に流入する難民問題とテロ対策、難民受け入れに対する国内世論の急変について検討する。

　ドイツが戦後一貫して積極的に行ってきた難民の受け入れは、「難民歓迎の文化」という言葉に象徴されるように、広く国民に受け入れられてきていた。従って、近年になってISの台頭や内戦によってイラクやシリアからの難民は急増傾向にあったものの、リスクの大きいドイツ連邦軍のアフガニスタン派兵と比較しても、ドイツ国民にはより受け入れやすい政策と考えられた。事実、2015年8月の時点では国民からもっと難民に理解を示すべきだとメルケル首相に求める声が上がったほどである。それを受ける形で、メルケル首相は同年9月、ハンガリーで足止めされて問題化した多数の難民にドイツが率先して門戸を開く方針を表明した。それは、難民申請は最初に到着した欧州連合加盟国で行うと規定する「ダブリン規約」を大きく曲げて、ドイツにおける難民申請を認めるというものであった。寛容な難民受け入れ姿勢はすぐに難民の間に伝わり、ドイツに到着した難民と一緒にツーショットで収まるメルケル首相の写真は世界中で拡散し、難民の間におけるメルケル首相の人気は一気に高まった。

28　ドイツの難民庇護に関しては、昔農英明『「移民国家ドイツ」の難民庇護政策』（慶應義塾大学出版会、2014年）のほか、難民のほか外国人労働者、敗戦により喪失した領土からの外来民などを扱った近藤潤三『統一ドイツの外国人問題』（木鐸社、2002年）、同『ドイツ移民問題の現代史』（木鐸社、2013年）などを参照。

メルケル首相の人気がメディアでも広く取り挙げられた。例えば、ドイツの週刊誌シュピーゲルは、マザー・テレサの青いストライプの入ったベールをまとったメルケル首相の顔を表紙にした「マザー・アンゲラ」（Mutter Angela）と題した特集号[29]を出版した（写真右）。次々と到着する難民にドイツ人の女の子が花を手渡したり、子供の難民に風船やぬいぐるみが手渡されたりする映像が報じられるにつれ、難民を温かく歓迎する一部のドイツ国民の姿勢は、ドイツ人の「難民歓迎の文化」を象徴するとして国際メディアで美談の色合いをもって報じられた。ドイツの基本法は第16a条に「政治的に迫害された者は庇護権を有する」と庇護権を定めており、国際的にもドイツは難民受け入れに熱心な国であるとの評価も受けてきた。英ガーディアン紙は、"Kindergarten"（幼稚園）や"Blitzkrieg"（電撃戦）といったドイツ語がそうだったように、"Willkommenskultur"（難民歓迎の文化）という言葉が、英語にそのまま取り入れられるかもしれないと報じた[30]。

　ドイツを目指す難民の数は2015年末までに約110万人と、瞬く間に第二次世界大戦最大ともいわれる規模に膨れ上がるまでに急展開した。米タイム誌は同年末、恒例の今年の人にメルケル首相を選び、『アンゲラ・メルケル——自由世界の首相』[31]と題する号で、彼女の半生を紹介し、英紙フィナンシャル・タイムズ[32]も同氏を今年の人に選んだ。2015年のノーベル平和賞の有力候補に名前が挙がるほど、メルケル首相の、ひいてはドイツの国際的評価は高まった。

29　„Mutter Angela – Merkels Politik entzweit Europa", *Der Spiegel*, 39/2015 (September 18, 2015).

30　Doris Akrap, "Germany's response to the refugee crisis is admirable. But I fear it cannot last." *The Guardian* (September 6, 2015). <http://www.theguardian.com/commentisfree/2015/sep/06/germany-refugee-crisis-syrian>. 2015年12月15日閲覧。

31　"Angela Merkel – Chancellor of the Free World", *Time* (December 21, 2015).

32　Stefan Wagstyl, "Person of the Year: Angela Merkel – The transformation of a cautious chancellor", *The Financial Times* (December 13, 2015). <http://www.ft.com/cms/s/0/ffb1edb2-9db5-11e5-b45d-4812f209f861.html#axzz3xgLy674x>. 2016年1月11日閲覧。

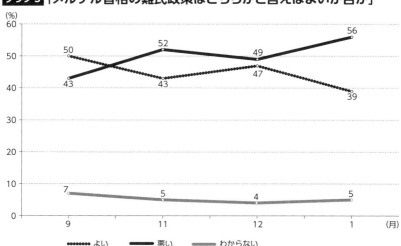

グラフ3「メルケル首相の難民政策はどちらかと言えばよいか否か」

(出典)ドイツ第二テレビ(ZDF)の各月世論調査結果より筆者作成。

　その一方で、同年末までにドイツ国民の難民に対する態度は2015年末にかけて急激に変化していき、メルケル首相の難民政策を必ずしも好意的に受け止めないようになった。ドイツ第二テレビ（ZDF）の世論調査結果[33]によると、グラフ3に示したように、9月にはメルケル首相の難民政策をどちらかといえば「よい」と考える国民が50%で、「悪い」と考える43%を上回っていたのに対し、11月には過半数以上の52%が「悪い」ととらえるようになり、「よい」と回答した43%をはるかに上回った。これが1月には「悪い」と考える国民が56%と更に増大する。

　このように国民の意識が急速に変化した背景には、いくつかの要因が挙げられるが、①ドイツに根強く存在してきた極右団体の外国人排斥運動の激化、②「西洋のイスラム化に反対する愛国的欧州人（PEGIDA）」というイスラム化に反対する比較的新しい団体の急成長、③「ドイツのための選択肢（Alternative für Deutschland,AfD）」という新政党の急伸という大量難民受け入れに反対、

33　Frank Jansen, „Zahl der rechten Straftaten deutlich gestiegen", *Zeit Online* (Dezember 20, 2015)．<http://www.zeit.de/gesellschaft/zeitgeschehen/2015-12/rassismus-rechtsextremismus-anstieg-straftaten>．2016年1月11日閲覧。

ないしは懐疑的な国内運動に加えて、④パリでの同時多発テロ事件の発生と、⑤大晦日のケルンでの暴行・窃盗等の同時多発事件の発生が相乗的に働いたといえる。それぞれ個別にみていく。

　ドイツでは、外国人労働者の流入に反対し、難民排斥を訴える極右団体（Rechtsextremismus）が、外国人労働者受け入れの当初から長きにわたって外国人排斥の犯罪行為を行い、極右団体によるこうした犯罪行為は難民の急増に比例して大幅に増大した[34]。2015年1〜10月までに1万1312件の犯罪行為があり、5970人の容疑者を捜査し、暫定的に151人を確保したが、これまで逮捕状が出たのはわずか9件にとどまった。また、難民収容施設への放火などの攻撃行為は高級週刊紙ツァイトの独自調査によると、2015年1〜11月だけで222件に及んだことが分かった[35]。極右のこうした行動は、一般市民の世論とは必ずしも連動していないが、犯罪件数の急増はこの間の国民の微妙な態度の変化を背景にしていないとは言えず、そうした犯罪行為の大多数が検挙されずに放置されていることは、犯罪行為の抑止につながらないことは明らかである。

　こうした極端な外国人排斥運動とは別に、ここ数年の特筆すべき動きとして、「西洋のイスラム化に反対する愛国的欧州人（Patoriotische Europäer gegen die Islamisierung des Abendlandes, PEGIDA）」[36]、通称ペギーダと呼ばれる、イスラム化に反対する運動が2014年に始まったことが、大量難民流入の問題

34　Frank Jansen, „Zahl der rechten Straftaten deutlich gestiegen", *Zeit Online*（Dezember 20, 2015）. <http://www.zeit.de/gesellschaft/zeitgeschehen/2015-12/rassismus-rechtsextremismus-anstieg-straftaten>. 2016年1月11日閲覧。

35　Paul Blickle, et al. „Es brennt in Deutschland ", *Zeit Online*（Dezember 3, 2015）. <http://www.zeit.de/politik/deutschland/2015-11/rechtsextremismus-fluechtlingsunterkuenfte-gewalt-gegen-fluechtlinge-justiz-taeter-urteile>. 2016年1月11日閲覧。

36　PEGIDAに関しては次を参照。Hans Vorländer, Maik Herold, Steven Schäller, *PEGIDA- Entwicklung, Zusammensetzung und Deutung einer Empörungsbewewgung*（Wiesbaden: Springer VS, 2015）; Lars Geiges, Stine Marg, Franz Walter, *Pegida:Die schmutzige Seite der Zivilgesellschaft?*（Bielefeld: Transcript Verlag, 2015）. 邦語文献では、坪郷實『Pegida現象と「現実にある市民社会」論』、高橋進・石田徹編『「再国民化」に揺らぐヨーロッパ——新たなナショナリズムの隆盛と移民排斥のゆくえ』（法律文化社、2016年）、104-124頁。

を考える上で重要である。ペギーダはその名称の通り、西洋におけるイスラム化に反対し、反移民・難民を訴えるもので、2014年10月、ドレスデンで初のデモ活動を行った。当初は外国人排斥を目的には掲げていなかったものの[37]、大量の難民受け入れが始まり、その事実が広まるとともに、大量の難民の受け入れに公然と反対を表明するようになった。当初デモ参加者は300〜350人に過ぎなかったが、フェイスブックなどのソーシャル・メディアを利用して参加を呼びかけて、毎週のように参加者数を増やし、2015年1月12日のデモでは、約2万5千人（警察当局発表）規模にまで膨れ上がったとされる[38]。その後は、組織の分裂もあり、2、3千人規模で落ち着くことが多くなった。デモはドレスデンをはじめとする旧東ドイツ地域から、ボン、ミュンヘン、デュッセルドルフなどの旧西ドイツ地域へと広がりを見せていった[39]。

　ドレスデン工科大学のフォアレンダー（Hans Vorländer）らの研究によれば、ペギーダのデモ参加者に対する聞き取り調査の結果、デモ参加の動機は「政治への不満」(71.3%)、「メディアと世論への批判・反発」(34.5%)、「移民・難民へのルサンチマン」(31.2%)―などの回答を得られたという[40]。また、ゲッティンゲン民主主義研究所のフランツ・ヴァルター（Franz Walter）らの研究によれば、デモ参加者の支持政党は「ドイツのための選択肢」(AfD)が47.1%、次いで「キリスト教民主・社会同盟」(CDU／CSU)が24.8%の順となり、ペギーダ参加者とAfDへの支持に一定の相関関係が認められたという[41]。

　そして、欧州政策に異を唱える「ドイツのための選択肢（AfD）」[42]の急速な

37　2014年12月30日に発表された立場表明（„Positionspapier der PEGIDA ", <https://www.facebook.com/pegidaevdresden/timeline/> 2015年12月20日閲覧）では、戦争で追われた難民を受け入れるなどとしていた。

38　Vorländer et al, *op.cit.*, pp.7-9.

39　Geiges et al, *op.cit.*, pp. 61-87. ペギーダに対抗する形で、緑の党やSPDの支持者らによるデモも起き、規模はむしろペギーダのデモを上回ることが多かったという。

40　Vorländer et al, *op.cit.*, pp.65-68.

41　Geiges et al, *op.cit.*, pp. 66-70.

42　AfDについては次を参照。Alexdander Häusler, *Die Alternative für Deutschland: Programmatik, Entwicklung und politische Verortung* (Wiesbaden: Springer VS, 2016). 邦語文献では、特にAfD伸張を内外に示した2013年連邦議会選挙に関して、中村登志哉「リベ

台頭に言及しなければならない。同党は、2013年初頭に設立されたばかりであったにもかかわらず、同年9月のドイツ連邦議会選挙において、いきなり4.7％もの得票率を獲得したことから、急速に注目を浴び始めた。EUと距離を置き、EUの利益ではなくドイツの国益に重点を置くべきであると訴える同党のこれほどの得票は、欧州統合への異論が政党レベルで生まれたことを示した[43]。AfDの得票率の急拡大は、当時CDU／CSUの連立パートナーだった自由民主党（FDP）の得票率の激減につながり、ドイツ連邦議会における議席獲得のための最低得票率である5％を下回った。これにより、FDPは連邦議会における議席をすべて失い、同党の連邦議会第三党の地位は、旧東ドイツの政権党であったドイツ社会主義統一党の流れをくむ左翼党（Die Linke）に明け渡した。AfDは当初、ペギーダとも連携していたが、ペギーダの代表らから外国人に対する敵対的発言が出るに及び、AfDはペギーダと距離を置くようになった[44]。

　当時は、こうしたAfDに代表される反EUの動きはドイツの主流を占める考えではないとされていた。しかしAfDが、大量難民の流入を受け入れようとするメルケル首相の政策を声高に非難するようになると、同党の政党支持率は右肩上がりに増えていった。すなわち、2015年9月の政党支持率調査では議会への議席確保の基準となる5％の壁を越え、その後毎月支持率を伸ばし、2016年1月の調査では11％を獲得して、2015年後半から2016年初頭の数カ月で支持率は2倍以上に拡大したのである[45]。そして、2016年3月13日に実施された3つの州議会選挙において、AfDはいずれの州においても躍進し、初の議席を獲得した。なかでも、旧東ドイツ地域のザクセン・アンハルト州では

ラル派の退潮と反ユーロ新党の急伸──2013年ドイツ連邦議会選挙結果の分析」、『メディアと社会』、第6号（2014年）、1-13頁。中谷毅「『再国民化』と『ドイツのための選択肢』──移民問題およびユーロ問題との関連で」、高橋進・石田徹編『「再国民化」に揺らぐヨーロッパ──新たなナショナリズムの隆盛と移民排斥のゆくえ』（法律文化社、2016年）、83-103頁。

43　中村、前掲書、1-13頁。
44　Vorländer et al, *op. cit.*, pp.39-43.
45　„Flüchtlingskrise: Merkel stürzt ab ", *ZDF Poitbarometer*（15.01.2016）. <http://www.heute.de/fluechtlingskrise-merkel-stuerzt-ab-mehrheit-haelt-obergrenze-von-200.000-nicht-fuer-machbar-41820126.html>. 2016年1月17日閲覧。

24.2％の得票率を得て、いきなり第二党の座に躍り出たのである[46]。選挙戦では、大量に流入するシリアやイラクからの難民・移民への対応が争点となり、難民らに対し寛容な政策をとり続けるメルケル政権に対する批判票の受け皿となったことは間違いなかった。

さらに、2015年11月にパリで起きた連続テロ事件の犯人に偽装難民が含まれていたことが、ドイツにいくつかの課題を突き付けた。130人以上が命を落とすことになった、この大規模なテロの犯人の中に、近年ギリシャなどで難民申請をしたシリア出身の男性や、ベルギー・ブリュッセル生まれの次世代の難民などが含まれていたことが明らかになった。このことは、ドイツが受け入れた大量難民の中にこうした偽装難民が他にも含まれる可能性を示唆するだけでなく、受け入れた難民がヨーロッパの国籍を取得するなどしてヨーロッパに根付いた後の次世代までにもこのような危険が潜む可能性に大きな警鐘を鳴らしたのである。シェンゲン協定により人の移動が自由なヨーロッパにおいて、ひとたび偽装難民がヨーロッパに入境すれば、その危険はヨーロッパ全体で共有されることになるからである。

最後に、難民受け入れに関する国民感情を大きく揺るがしたのは、大晦日の日にケルンで起きた集団暴行事件であった。例年、大晦日には新年を祝うために大勢の若者が街に繰り出すのが恒例であるが、2015年12月31日、ケルン中央駅やケルン大聖堂に数千人が集まり、クラッカーやロケット花火で騒ぐ中、数十人の男が女性を取り囲み、性的暴行や財布を奪うなどの行為に及び、一時無法状態に陥った。そうした被害を受けた女性は多数いたことがわかり、ノルトライン・ヴェストファーレン州内務省の発表によると、被害届の数は818件に上った[47]。またケルン以外でも同様の事件が発生していたことが明らかになってきた。問題だったのは、その容疑者の半数以上が難民だったことである。

---

46 „AfD wird zweitstärkste Kraft", *Frankfurter Allgemeine Zeitung*（März 13, 2016）. <http://www.faz.net/aktuell/politik/wahl-in-sachsen-anhalt/cdu-staerkste-kraft-in-sachsen-anhalt-afd-ueber-20-prozent-14122237.html>. 2016年3月25日閲覧。

47 Chiristoph Herwartz, „Eskaliert ist es von allein", *Zeit Online*（Januar 20, 2016）. <http://www.zeit.de/gesellschaft/zeitgeschehen/2016-01/koeln-silvester-ermittlungen-innenministerium>. 2016年1月24日閲覧。

このことから、大量難民の受け入れは国内を多く二分する論争に発展した。

難民問題はケルン集団暴行事件の前と後では大きくその様相を変化させた。そして、とりもなおさず、大量難民受け入れに大きく舵を切ったメルケル首相に対する不満が募る傾向につながった。間の悪いことに、メルケル首相はその翌日の新年の演説で「大量の難民流入とその社会統合は……必ず明日のチャンスになる。……ドイツはそれに対応できる強い国です」[48]と難民受け入れの方針を改めて示していたため、国民の反発は拡大したのである。グラフ３で見たように、１月に入ってからのメルケル首相の難民政策を是としない国民が過半数を超え、是とする回答者は39％に減少した。同じ世論調査で、「現在起きている難民問題をドイツは自力で処理できるか否か」という設問に対しては、60％が「できない」と回答し、「できる」としたのは37％にとどまった[49]。12月の調査では「できない」が46％、「できる」が51％だったが、可否の認識は一挙に逆転した形である。そしてそれには"ケルン"が少なからず影響していた。「大晦日の暴行事件が難民問題への考え方を根本的に変えたか否か」との設問に対しては「はい」が33％、「いいえ」が66％となっており、回答者の３分の１が"ケルン"以後に考え方に影響を受けていると明言したのである。

フランクフルター・アルゲマイネ紙の国内政治担当編集者であるヤスパー・フォン・アルテンボックム氏は「難民歓迎の文化の裏側」と題する論説記事[50]を発表し、同文化の誤謬を修正しなければならないと訴えた。「この文化がどのよ

---

48 Angela Merkel, „Neujahrsansprache des Bundeskanzlerin" (01.01.2016). <https://www.bundeskanzlerin.de/SiteGlobals/Forms/Webs/BKin/Suche/DE/Solr_Mediathek_formular.html?id=1680234&cat=videos&templateQueryString=neujahrsansprache&doctype=Video>. 2016年１月17日閲覧。
.or.jp/RESR/column_page.php?id=155>（2014年６月20日閲覧）．

49 „Flüchtlingskrise: Merkel stürzt ab", *ZDF Politbarometer* (Januar 15, 2016). <http://www.heute.de/fluechtlingskrise-merkel-stuerzt-ab-mehrheit-haelt-obergrenze-von-200.000-nicht-fuer-machbar-41820126.html>. 2016年１月17日閲覧。

50 Jasper von Altenbockum, „Die Schattenseiten der Willkommenskultur", *Frankfurter Allgemeine Zeitung* (Januar 10, 2016). <http://www.faz.net/aktuell/politik/inland/deutschland-und-die-schattenseiten-seiner-willkommenskultur-14007163.html>. 2016年１月12日閲覧。

うな罠に陥ったかを、同文化の主導者らの多くは"ケルン"以後に理解しただろう」とメルケル首相の難民政策の行き過ぎを批判し、庇護権の規定が「不法にドイツに入国する難民、亡命申請者及びすべての移民に無差別に拡張された」ことに警鐘を鳴らした。「移民は30、40年前から既にそうであったように、トロイの馬となる。言語や仕事、上昇志向によって、ひょっとしてドイツに適応する移民もやって来るが、彼らがそうした仕事や昇進を可能にする前提となる、ドイツの法的・文化的・道徳的な基本的思考を受け入れる用意があるか、そうした状況にあるかどうかは誰にもわからない。……難民受け入れの文化は今まで以上に二つの路線に将来的には発展していく。一つは未来のモデルとしての移民社会であり、もう一つはこれまで通りの、今後もこれまで通りであろうとする社会である。政治と行政がこの二つの世界が和解しているかのように言葉巧みにまやかしを言って信じさせようとすれば、"ケルン"を経験した今、我々はそこから何が起きるかを知ってしまった」と、メルケルの難民政策を批判した。

　これに代表されるようなメルケル不支持の声の高まりと、CDU／CSU支持率の低下と裏腹に先に述べたような連邦議会野党AfDの支持拡大を受け、同首相は2016年1月末、ついにシリアにおける戦争状態が解消されたのちには、難民は自国に帰るべきであるとの姿勢に転換した。

　このように、難民受け入れに寛容な国というイメージを形成してきたドイツは、メルケル首相の方針により、シリアやイラクからの欧州を目指す大量の難民を受け入れた。その行為は、難民歓迎の文化を持つと賞賛され、メルケル首相の評判も上々であり、国際社会の評価も際立っていた。ところが、パリでの同時多発テロ事件に難民を偽装し入国した実行犯がいたことが分かり、さらには足元のドイツ・ケルンで難民による暴行・傷害事件が多発するに至り、半年足らずの間にその難民政策を二転三転させ、その結果ドイツの対外イメージは大きく揺れた。それだけでなく国内世論も、EUよりドイツの国益を前面に出して、難民受け入れに消極的な新興政党AfDへの支持が広がり、先に述べたように、2016年3月に実施された3州の州議会選挙で、初の地方議会進出を果たす結果を招いた。

6. 結びに代えて ――「ドイツ的ヨーロッパ」にある「ヨーロッパ的ドイツ」？

　ドイツは冷戦期を通じて、軍事的にはジュニアパートナーとして国際協調活動を行う一方、欧州統合過程においては経済の牽引役となり、国際関係を保ってきた。そして、ドイツ自身もドイツ統一を経て、また旧東欧諸国が軒並み欧州連合への加盟を果たして、周辺国がすべて友好国となった現在、欧州の大国として順調な発展をしてきた。一方、アフガニスタンにおける国際協調活動への参加を通じて、ドイツ国民の間に、リスクの大きい国際協調活動に倦怠感が生まれている。そうした中で起きたパリにおけるテロ多発事件を契機にシリア空爆に踏み切ったフランスに対し、同盟国として後方支援に限るとしながらドイツは新たな軍事的国際協調活動に踏み出した。

　また、シリア内戦の激化に伴って、昨年急速に拡大した欧州の難民への流入に寛大な姿勢を見せたメルケル首相は国外で高評価を受けたものの、数カ月足らずで難民の帰還を含む消極的な難民政策に180度転換し、急激に高められたドイツのイメージが少なからず悪化する形になった。今後パリで起きたようなテロ、つまりベルリンにおけるテロの発生や、AfDのドイツ連邦議会への進出などが起きれば、難民政策の点でも、軍事的国際協調活動の点でも、さらなる対応を求められるようになるだろう。

　ドイツは今後、国際社会において、どのような役割を果たしていくのだろうか。フランクワルター・シュタインマイヤー外相によれば、ドイツは「ヨーロッパの最高調停責任者」（Chief Facilitating Officer）の役割を引き受けていくであろうと述べている[51]。すなわち、同外相は2015年3月12日に米国ワシントンの戦略国際問題研究所（CSIS）で行った演説で、ロシアによるクリミア併合やギリシャ危機を例にとり、ドイツは「ヨーロッパのCFOになるであろう。もっとも、最高財務責任者のCFOではなく、最高調停責任者としてのそれで

51　Frank-Walter Steinmeier, "Maintaining Transatlantic Unity in a Complex World", CSIS (March 12, 2015). <http://www.auswaertiges-amt.de/sid_C7989D4C9700A134AEEB5EA6276FAD92/EN/Infoservice/Presse/Reden/2015/150312_CSIS.html?nn=388768>. 2016年3月6日閲覧。

ある。準備の整った会議主催者、責任ある仲介者、あるいは我々が直面する挑戦に対し、野心的で、一致した対応策の取りまとめ役である」と明らかにしている[52]。同外相によれば、国際社会が直面するシリアやリビア、ウクライナなどの情勢への対応には、複雑に異なる欧州各国の利害を調整した上で、一致協力して忍耐強く働きかけていくことが重要であり、その上で欧州と米国が米欧の大西洋パートナーシップによって国際問題に協調して対処することが死活的に重要だというのである。

　欧州内の調停役を買って出るというドイツのこのような姿勢は、単独主義を避け、常に多国間主義を柱に据え、より正確には、据えざるを得なかった戦後ドイツの外交・安全保障政策と軌を一にするものと言えよう。その意味では、シュタインマイヤー外相の外交姿勢は、今さら驚くべきものではなく、欧州の中のドイツとして、欧州の利益を追求することにより、ドイツの国益も追求していくというこれまでの外交姿勢の堅持とも言える。

　しかしながら、国際社会にとって、ドイツのこの外交姿勢の意味するところが、かつてとは大きく異なっていることは言うまでもない。

　ドイツの多国間主義を考える上で、触れざるを得ない言葉がある。米国と西欧諸国の多国間軍事同盟であるNATOが設立された当初、初代事務総長に就任した英国のヘイスティングズ・イズメイ（Hastings Lionel Ismay）はNATOの目的を「アメリカを引き込み、ロシアを締め出し、ドイツを抑え込む（to Americans in, Russians out, Germans down）」と述べ、ソ連の脅威に対抗するとともに、NATO設立自体が西側のドイツ問題に対する回答であることを象徴的に表現したと言える。その意味で、西ドイツが戦後、NATOの一員として出発したのは、自らの選択というよりも、米国を含む西側諸国から与えられた唯一の選択であったことを明らかにしたのである。

　そして、ドイツはその枠組みの中で戦後を生き抜き、本論でみたように、域外派兵を控える形によって、軍事的影響力を追い求めず、平和主義に徹することを示し、欧州の中のドイツとして生きてきたのである。冷戦終結後もその姿勢は変わらなかったが、湾岸危機・戦争を契機に海外派兵を積極化する姿勢に転じて、同盟国としての応分の負担を負う立場を鮮明して、努力してきた。そ

52　*Ibid.*

の結果、ドイツは海外派兵の実績を積み上げ、最近ではアフガニスタンへの派兵においても、冷戦期とは比べ物にならないほどの大きな役割を担ったのである。

さらに、ドイツは統一により、押しも押されもせぬ欧州一の経済大国となり、政治的にも、EUにおいてフランスと並ぶ政治大国としての立場を築きあげた。国際舞台においても、イランの核交渉に象徴されるように、米国、英国、フランス、ロシア、中国の国連安保理常任理事国5カ国（P5）にドイツが加わる「P5＋ドイツ」という枠組みが活用されるようになり、このことはとりもなおさず、ドイツの国際的影響力の大きさを明確に示している。

ナチス・ドイツに侵略され、ユダヤ人虐殺など莫大な被害を受け、ドイツに対する国民感情が最も厳しいといわれるポーランドのラドスワフ・シコルスキ外相（当時、Radosław Sikorski）が2011年11月、「ドイツが大きくなることより、ドイツがリーダーシップをとらないことの方が問題だ」と発言し、ドイツがより大きな役割を果たしていくことを求めたことは国際社会に波紋を広げた[53]。この発言が示すように、ドイツの多国間主義は、いまやドイツへの警戒感から強いられたものではなく、ドイツが戦後に積み上げてきた実績と信頼によって、ドイツが選び取る多国間主義になったと言えるのではないだろうか。

言い換えれば、ドイツが多国間主義を離れようとしても、それを引き留めるだけの力が米国や西欧諸国にあるかどうかは心もとないが、それでもなお、ドイツは多国間主義の堅持を示すからこそ、ドイツの信頼は毀損することなく、むしろソフトパワーの形で国際的影響力を拡大しているとみることができよう。多国間主義の路線から離れる、あるいは離れようとしていると国際社会からみられる、そのことが国際社会におけるドイツの信頼をどれほど毀損するのかを、ドイツは歴史からの教訓から学んだとみることもできる。

ドイツが欧州において支配的な影響力を持つことの機微について、ドイツあるいは欧州において広く議論されたのは、東西両ドイツが統一を実現した1990年の前後のことであった。その際、よく引き合いに出されたのがドイツの作家トーマス・マンの言説である。すなわち、マンは1949年7月、ヨハン・

53　Radosław Sikorski, "Poland and the future of the European Union", speech delivered at the German Society of Foreign Affairs in Berlin on 28 November, 2011. < http://www.mfa.gov.pl/resource/33ce6061-ec12-4da1-a145-01e2995c6302:JCR>. 2016年3月9日閲覧。

ヴォルフガング・フォン・ゲーテの生誕200年を記念する「ゲーテと民主主義」（Goethe und die Demokratie）と題した講演において、次のように述べた。

> 「……私が彼らの中に見出したのは、ドイツ語で書かれたヨーロッパ的なもの、ヨーロッパ的ドイツであり、これが常に私の希望と欲求の目標を形成していました。――それはドイツ・ナショナリズムの恐るべき野望であった『ドイツ的ヨーロッパ』とは正反対のものでした……。ヨーロッパ的ドイツ、それは同時に、言葉の最も広い意味において「民主主義的」ドイツであり、共に生きていくことができるドイツ、世界に恐怖ではなく共感を呼び起こすドイツなのです……」[54]

マンは、ナチス・ドイツが目論んだドイツ的ヨーロッパとはヨーロッパにとって忌むべきものであり、民主主義的なヨーロッパ的ドイツこそ、世界に共感を呼ぶものであり、目指すべきものであることを強調した。そして、ドイツは実際に、欧州統合の旗振り役となり、EUの主要国の位置を占めるに至った。マンは1953年にも、ハンブルクでの講演で、「ドイツ的ヨーロッパ」ではなく、「ヨーロッパ的ドイツ」を求めてほしいと聴衆の大学生に対して呼びかけた。

　それでは、なぜマンのこのような言説が統一の前後に再び脚光を浴びたのか。「ペレストロイカ」（改革）と「グラスノスチ」（情報公開）を掲げてソ連の改革に乗り出したミハイル・ゴルバチョフソ連共産党書記長が1989年、東ドイツを訪問し、エーリッヒ・ホーネッカー社会主義統一党書記長に対し「遅れて来る者は人生によって罰せられる」と通告して、東ドイツ体制の崩壊が事実上決定的となり、ドイツ統一が急速に国際政治上の日程に上り始めた時、欧州の近隣諸国から上がり始めたのは、欧州統合運動をともに率いてきたフランスからさえ、欧州大陸に人口8千万人近い大国のドイツが出現することへの不安と不快感であった。欧州大陸に再び、分断を克服し、大国となったドイツと向き

---

[54] Thomas Mann, Goethe und die Demokratie, in *Sorge um Deutschland- sechs Essays* (Hamburg: S.Fischer Verlag, 1957), pp.96-97. 訳書は、トーマス・マン著、青木順三訳『講演集　ドイツとドイツ人』（岩波文庫、1990年）、156-158頁参照。ただし、翻訳は訳書ではなく、拙訳によった。

合わなくてはならないという現実が、いやが上にもナチス・ドイツを想起させずにはおかなかった。実際に、同盟国であったはずのフランスのミッテラン大統領や英国のサッチャー首相は、ドイツ統一の阻止に向けて、それが不可避の流れであると分かるまで、懸命の外交努力を図ったのである。

　欧州のこのような情勢を背景に、「ヨーロッパ的ドイツ」というマンの思想は、ドイツ統一に当たり、近隣諸国が共有する懸念を鎮静化させる意味で持ちだされるようになった、と政治学者のゲルトヨアヒム・グレースナー（Gert-Joachim Glaeßner）は分析した[55]。確かに、欧州統合が進んで、ドイツ人がピザを好んで食べるようになり、お蔭でドイツ人もイタリア人並みに、時間にルーズになったなどというようなジョークまで生まれるほどには、ドイツはヨーロッパ的になった。

　ところが、問題は、ヨーロッパ的なドイツがいまや政治的、経済的にヨーロッパを率いているという現実の持つ機微である。果たして、それは、マンが忌み嫌った「ドイツ的ヨーロッパ」とどのような関係にあるのか。両者に違いはあるのか。あるいは、それはマンが指摘する「ドイツ的ヨーロッパ」そのものなのではないのか。ドイツが支配的影響力を与えた時期の記憶が苛烈であるからこそ、ヨーロッパの人々はそれを恐れ、不安になるのである。そして、今のヨーロッパは「ドイツ的ヨーロッパ」と言っても過言ではない現実がある。マンの言説に関連して、オックスフォード大学の歴史学者、ティモシー・ガートンアッシュ（Timothy Garton Ash）は「われわれは今日、ほとんど予測もしなかった変種に直面している。ドイツ的ヨーロッパにあるヨーロッパ的ドイツである」と書いた[56]。

---

[55]　ゲルトヨアヒム・グレースナー著、中村登志哉・中村ゆかり訳『ドイツ統一過程の研究』（青木書店、1993年）、263-264頁参照。

[56]　Timothy Garton Ash, "Angela Merkel needs all the help she can get", *The Guardian* (8 February, 2012). < http://www.theguardian.com/commentisfree/2012/feb/08/angela-merkel-all-help-can-get?CMP=share_btn_fb#_=_>. 2016年3月14日閲覧。

[57]　これを裏付けるように、2014年4月に実施された世論調査では、ウクライナ危機に関連し、ドイツは対ロシア関係において、EU諸国やNATO同盟国と結束して対応すべきであると考えるのは45％に対し、EU・NATO諸国とロシアとの中間的立場をとるべきだと考える市民はそれを上回る49％に達した。とりわけ、旧東ドイツ地域では、EU・

ガートンアッシュによれば、メルケル首相率いるドイツは、自由で民主的な法治主義であり、マンが用いた肯定的な意味において、「ヨーロッパ的ドイツ」であるという。むろん完全ではないが、われわれが経験した中で、最良のドイツだとみる。その上で、この「ヨーロッパ的ドイツ」はユーロ危機において、不本意ながら「ドイツ的ヨーロッパ」の中心にいるのだと分析する。ドイツ自身はこの指導的立場を自ら望んだわけではなかったが、統一ドイツを統合欧州につなぎ留めておくため、当時のミッテラン・フランス大統領がドイツ統一を支持する代わりに、ドイツの経済力の象徴であったドイツ・マルクを捨てて、ユーロを導入することを受け入れるようドイツに求めたとみる。これにより、フランスはヨーロッパで指導的立場を維持し続けることを目論んだが、振り返ってみれば、ユーロ導入によって利益を得たのは図らずもドイツであり、ヨーロッパの運転席に座り、フランスは最前席から放り出されてしまったというのがガートンアッシュの見立てである。そして、ドイツは上手とは言えないが、運転席に座り、しぶしぶ神経質に運転しているようにみえるというのである。

シュタインマイヤー外相が目指すという「最高調停責任者」という表現には、自らリーダーシップを執ることを望んだわけではないという戸惑いと、歴史的背景に由来する近隣諸国の警戒感を念頭に、ドイツが前面に出るのではなく、あくまで関係諸国の「調停」を行う裏方としての立場を滲ませる意図があるとみることもできる[57]。

良かれ悪しかれ、ドイツは欧州一の大国として、ヨーロッパを率いざるを得ない立場になった今、歴史的背景からくるドイツへの警戒感を惹起せず、欧州安定のためのリーダーシップを発揮していくためには、多国間主義に立脚し、

NATO諸国と協調すべきであると考えているのはわずか31％に過ぎず、中間的立場をとるべきだとする者が60％に達し、ロシアとの対決姿勢を望まないドイツ市民の姿勢が浮き彫りにされ、ドイツの政治エリートに衝撃を与えた。世論調査機関infratest-dimapが2014年4月に実施した世論調査結果。infratest-dimap, Eine Umfrage zur politischen Stimmung im Auftrag der ARD-Tagesthemen und der Tageszeitung DIE WELT, pp.3-4, (Berlin: infratest-dimap, April 2014.).<http://www.infratest-dimap.de/fileadmin/_migrated/Content_uploads/dt1404_bericht.pdf.>.2016年3月14日閲覧。

近隣諸国と協調して対処していくほかはない。「ヨーロッパ的ドイツ」は「ドイツ的ヨーロッパ」をどのように率いていくのだろうか。こうした状況の中で、英国は2016年6月23日、EUからの離脱の是非を問う国民投票を実施し、離脱支持が51.9％と過半数に達して、EUを離脱する初の加盟国となることが決まった。実際の離脱までには曲折があるにせよ、「ドイツ的ヨーロッパ」にとっては危機的な試練である。難民問題を契機に、ドイツの国内政治構造も転機を迎える中、繁栄への道につながるのか、それとも20世紀の歴史が示したように、破滅への道を辿るのか、ドイツのリーダーシップが問われる局面を迎えている。

【付記】本論文は、平成27-29年度科学研究費補助金基盤研究（C）（課題番号15K01872）の助成を受けた研究の成果の一部である。

第2部

日本の国際関与

〈第3章〉
福田ドクトリンとASEAN重視政策
―― 望ましく有用な日本人のイメージを形成するために

井原伸浩

1. 序論

　儲け第一主義の「エコノミック・アニマル」たる日本人が、東南アジア諸国を「経済侵略」しようとしている――1972年にタイで日貨排斥運動が、74年の田中角栄による東南アジア歴訪時に反日デモおよび暴動が発生した背景には、東南アジアにおけるこうした対日イメージがあった。そうしたイメージ如何で、日本人の東南アジアにおける経済活動が影響を受けるのはもちろん、現地に居住する日本人の生命・財産が脅かされ得る事態になったため、上記イメージの改善は日本にとって重要な外交課題になった。

　1977年8月の福田赳夫首相による第一回日本・ASEAN（the Association of Southeast Asian Nations：東南アジア諸国連合）首脳会議出席、およびその後のASEAN加盟国およびビルマ歴訪は、日本の明確な外交理念を示したことで、対日イメージの改善に大きく貢献した。実際、外務省アジア局参事官（当時）の枝村純郎は、福田の東南アジア諸国歴訪の意義として、「戦後の懸案処理型の外交を離れて、はじめて明確な理念をかかげての外交」だったと述べている。それまでは、こうした外交理念が欠如していたことにより、「日本は、もっぱら自らの経済的な利益の追求に明け暮れている、との見方が国際社会で定着しようとして」いたのだが、歴訪はこれに大きな修正を加えるものだった[1]。日本のイメージ改善には、日本の東南アジアに対するコミットメントやプレゼンスが、現地にとって望ましく、有用であると認識されるような理念

1　枝村純郎「『福田ドクトリン』から三十年―理念主導の外交」、公益財団法人日本国際問題研究所ホームページ、2008年、<http://www2.jiia.or.jp/RESR/column_page.php?id=155>（2014年6月20日閲覧）。

の発信が必要とされたのであり[2]、福田の東南アジア歴訪は、こうした要請に応えるものだったのである。

この訪問で福田が繰り返し示した日本の外交方針の一つに、ASEAN重視がある。実際、日本・ASEAN首脳会議では、ASEAN五大工業プロジェクト（インドネシアおよびマレーシアの尿素プラント、フィリピンの過リン酸肥料、シンガポールのディーゼルエンジン、タイのソーダ灰）について、これらがASEANのプロジェクトとして確立され、フィージビリティが確認された時に、当該プロジェクトに対するASEANによる10億ドルの援助要請を好意的に考慮すると福田は発表した。また、福田政権は、77年6月にCIEC（国際経済協力会議：The Conference on International Economic Cooperation）閣僚会議で、日本のODAを5年間で倍増させると意図表明していたが、日本・ASEAN首脳会議で福田はこれを再確認し、その過程で、ASEAN各国への協力に一層の重点が置かれるであろうことも表明した。加えて、「ASEAN文化交流基金」のごとき構想が可能であれば、応分の寄与をする用意があることまで福田は明言している[3]。これに続く、ASEAN諸国およびビルマで約束された二国間協力を含めれば、ASEAN諸国に向けた援助は総額4000億円を超え、それまでの日本の援助実績からすれば「桁違い」なものとなった[4]。

日本のASEAN重視は、歴訪最後の訪問先であるフィリピンで福田が発表した、いわゆる福田ドクトリンでも言及されている。同ドクトリンは、以下の三原則からなる：第一に、日本は軍事大国にならない；第二に、日本は東南アジア諸国と、政治、経済のみならず社会、文化など、広範な分野で「心と心の触れ合う相互信頼関係」を築く；第三に、日本は、「対等な協力者」の立場から、ASEANおよびその加盟国の連帯と強靭性を強化する自主的努力に協力するとともに、インドシナ諸国と相互理解に基づく関係醸成に努める。この三原則は、相互に連関し合うものであり、ASEANへの直接的な言及がない第一、第

2　枝村はインドネシアを事例に、こうした主張を行っている。枝村純郎「田中総理のインドネシア訪問と「反日」暴動」『外交フォーラム』2008年6月，p.67.

3　外務大臣発「福田総理の東南ア歴訪の成果と今後の施策」昭和52年6月23日，外務省外交史料館所蔵資料，2010-0032, SA.1.3.1.

4　福田赳夫『回顧九十年』岩波書店，1995年，p.278.

二原則も、日本のASEAN政策に影響を及ぼすものであった。福田ドクトリンで掲げられた3つの原則が、どのように日本のASEAN重視政策を性格づけたか。これを明らかにすることが、本稿の第一の目的である。

また、福田政権が「明確な理念」をかかげていたとしても、それらがすぐに現地国政府や国民によって理解され、評価されたと考えるのは早計であろう。例えば、1974年1月の田中角栄首相による東南アジア諸国訪問の直前に、i) 平和と繁栄とを分ち合うよき隣人関係の促進；ii) アジア諸国の自主性尊重；iii) アジア諸国との相互理解の促進；iv) アジア開発途上国の経済的自立を脅かさず、その発展に貢献；v) ASEANなどアジア諸国が自主的に行っている地域協力の尊重からなる「東南アジア五原則」が発表された[5]。これは多分に東南アジア諸国における反日世論を意識したものだったが、歴訪中に発生した反日デモや暴動を止めることはできなかった。五原則は、それまでの日本政府や日本人の現地におけるコミットメントおよびプレゼンスの実情を反映しているとはみなされなかったし、多くの民衆の耳目を引く具体策もともなっていなかったためである。理念が発信されたとしても、それまでの長期にわたる取り組みが無くては、それに説得力を持たせることはできないし、理念を発信した際に新しい政策がともなわなければ、新味に欠けてしまうのである。福田政権の掲げたASEAN重視は、いかにして過去の日本政府による取り組みの延長線上にあったか、さらに、いかなる新味を持っていたか。これを明らかにすることが、本稿第二の目的である。

本稿は、まず、田中、三木、福田政権のASEAN重視政策を、首相および外務省の取り組みを中心として概観し、それに対しASEAN諸国がいかに反応したかを見る。ここでは三木政権からASEAN重視が首相、外務省双方で本格化し、福田政権でそれがASEAN諸国から高く評価されるに至って、福田による東南アジア歴訪の成功に資したことを指摘する。次に、福田ドクトリンの三原則を順に見ていき、それぞれが、いかに日本のASEAN重視の具体的政策を性格づけたのかを分析する。これらを通じて、日本が東南アジア諸国にとって望ましく、有用であると認識される理念が、いかに歴訪を通じて発

---

5 「アジアにおける日本の政策（田中総理訪伯用発言参考メモ）」昭和49（1974）年8月26日，アジア局，外務省外交史料館所蔵資料，2012-1482，SA.1.2.1.

信されていたのかを解き明かしたい。資料は外務省外交史料館所蔵文書のほか、新聞や雑誌から、福田の東南アジア歴訪に関わった政治家や高官による執筆記事や発言を扱ったものを中心に使用する。

2. 日本のASEAN重視

歴代政権のASEAN重視

　1974年1月の東南アジア歴訪で反日デモに直面した田中政権であったが、それより前の政権と比すれば、ASEANを尊重した外交政策を打ち出していた。そもそも、東南アジア歴訪自体も、ASEAN加盟国のみを訪問先に選ぶ初めての試みという意味で、日本のASEAN評価を示すものだった[6]。先に述べた通り、訪問直前には、東南アジア五原則が発表されたが、その中にも、ASEANなどアジア諸国が自主的に行っている地域協力の尊重が含まれている[7]。また、同2月には日本ASEAN合成ゴムフォーラムが開始され、当時大幅に生産を拡大させていた日本の合成ゴムと、ASEAN諸国の多くで生産・輸出されていた天然ゴムの競合解決に、糸口を田中政権は見出していた。ただし、田中個人も外務省も、ASEAN重視政策を強い熱意をもって積極的に打ち出したとは言い難い。

　首相の個人的なイニシアティブで本格的なASEAN重視政策を打ち出したのは、三木武夫政権が初めてである。1975年8月のナショナル・プレス・クラブ演説では、ASEANを「着実にその成果を挙げつつあり、地域の政治的、経済的安定に重要な役割を果たしている」と評価し、「ASEAN諸国のイニシアティヴ及び自主性を尊重しつつ、ASEANの活動を積極的に支援していく」と表明した[8]。76年1月の外国特派員協会でも三木は、東南アジア諸国との関係緊密化に力を入れたいと述べ、翌月のASEAN首脳会議の成果に期待を示している[9]。

6　玉木一徳「初期ASEANの成長と日本―ふたつの対日圧力―」『アジア太平洋討究』No.20 (February 2013), p.273.

7　前掲「アジアにおける日本の政策（田中総理訪伯用発言参考メモ）」

8　「ナショナル・プレスクラブにおける三木武夫内閣総理大臣演説―平和への創造的協力」於ワシントン, 1975年8月6日, 『外交青書』20号, pp.45-50.

9　「外国特派員協会における三木内閣総理大臣演説」1976年1月13日, データベース『世

その1976年2月に開催された初のASEAN首脳会議に、三木は参加を打診した。これは、インドネシアおよびフィリピンに、吉野文六外務審議官が派遣されてのものだったが、外務省のイニシアティブではなく、官邸主導によるものだった。枝村は、「アジア局では、当時のASEAN側の対日姿勢からみて、このようなアプローチは時期尚早であり、リスクが大きすぎると感じていたと思います」と述べており、少なくともアジア局は、打診に消極的だったことが伺える[10]。結局ASEAN側は、この打診を断るが、それでも三木は、ASEAN首脳会議開催に祝賀メッセージを送り、その中で「ASEANとの協力関係をさらに強化する」意図を表明した[11]。宮澤喜一外務大臣もその2日後に、ASEAN首脳会議の開催およびそこでの合意内容を高く評価する談話を発表し、ASEAN重視の姿勢を強く打ち出している。

　この頃から外務省も、ASEAN重視の積極的なイニシアティブを発揮し始めた。しかし、それにあたって障害となったのが、ASEANは地域機構としての実態があるのかという省内外の疑念である。ASEANは、憲章を持たない協議の枠組みに過ぎず、意思決定をするにも全加盟国のコンセンサスを要する。さらに、そうした決定を加盟国に強制する制度的枠組みも持たないため、協力は漸進的なものにとどまらざるをえなかった。そのため、ASEANが日本の援助の受け皿としてふさわしい能力を有するか、議論の的になったのである。

　枝村によると、当時のアジア局は、以下の主張をもって、こうした懐疑論に反論していたという。

　ASEANの重要性は、その構成国がASEANという機構を重視しているということ自体にある。現代国際社会を動かすのは、軍事力、経済力のみではない。国際世論を動員し得る理念もまた重要で、国際政治を動かす力となり得る。ASEAN諸国が『地域的強靭性の強化』の理念の下に結束していること、そ

界と日本』，日本政治・国際関係データベース，東京大学東洋文化研究所田中明彦研究室．http://www.ioc.u-tokyo.ac.jp/~worldjpn/documents/texts/exdpm/19760113.S1J.html（2016年3月12日閲覧）

10　枝村純郎「東南アジア情勢の変化と日本の対応」『外交フォーラム』2008年8月, p.74.
11　「ASEAN首脳会議あて三木総理メッセージ」1976年2月23日,『外交青書』20号, p.169.

れが、域外諸国によっても認知され、尊重されていること、そのこと自体が力なのである。いまは『虚』なるものも、やがては『実』をそなえるようになるだろう[12]。

　外務省が発信した、日本のASEAN重視を示す明確なメッセージは、西山健彦アジア局地域政策課長のイニシアティブのもとで1976年初頭から開始された、ASEAN中央事務局長およびASEAN国内事務局長を、個別に日本へ招待する試みに見られた。76年2月、第一回ASEAN首脳会議で中央事務局設置が合意された直後から、アジア局は、ダルソノ（Hartono Rekso Dharsono）中央事務局長に日本召請の働きかけを開始し、76年末に実現している。この結果、初代ASEAN中央事務局長による最初の域外訪問国が日本となった。ASEAN国内事務局長に関しても、76年4月のタイに始まり、加盟五か国を漏らすことなく日本招待が実現している[13]。

　この国内事務局長訪日により、ASEANの日本に対する考え方について「忌憚のない意見交換」を行ったことが、日本・ASEANフォーラム設立の基礎となった。西山によると、その夏には、「あるASEAN国内事務局長」から、「オーストラリア、カナダ、ニュージーランド、ECが既にASEANと協議の体制を設けているのに日本が未だにゴムだけのフォーラムしかもたないのでは、ASEAN諸国の失望を増すのみゆえ、早く積極的な姿勢を示してほしい」との指摘があり、他の国内事務局長も、ほぼ同様に前向きの反応を示した。これにより、日本が「積極的な対ASEANアプローチを試みても、日本の「干渉」だとか「押しつけ」だとかの批判を受けることがない」準備が整い、日本・ASEAN間の諸問題を広く討議するフォーラムの設置を、日本からASEANに申し入れるに至った[14]。その結果、1977年3月にジャカルタで第一回フォーラムが開催されることとなった。

12　前掲枝村「東南アジア情勢の変化と日本の対応」, p.73.
13　同上, p.72.
14　西山健彦「日本・ASEANフォーラム」『経済と外交』(660), 1977.5, p.37.

〈第3章〉福田ドクトリンとASEAN重視政策——望ましく有用な日本人のイメージを形成するために

福田に対する高い評価

　こうして日本のASEAN重視政策は徐々に本格化していき、ASEAN諸国もそれを受け容れていったが、そうした受容をスムーズにした一つの要因が、1976年12月に首相に就任した福田個人の業績や能力だった。まず福田は、首相就任以前から東南アジア外交に高い個人的関心を寄せていた。例えば、アジアの開発途上国に対する援助への注力である。佐藤政権で大蔵大臣を務めていた69年4月に、シドニーで開催されていたアジア開発銀行第三回年次総会で、福田は自身のイニシアティブのもと、日本のODAを5年間で倍増する計画を発表した[15]。なお、すでに述べた通り、福田政権は、東南アジア訪問2か月前の77年6月にも、CIEC閣僚会議で、日本のODAを5年間で倍増させると宣言しており、日本・ASEAN首脳会議で高く評価された。

　田中政権の大蔵大臣時には、日本に留学していた元留学生の対日認識を良好なものにするという目的のもと、元留学生同窓会の日本開催に努め、1974年から「東南アジア元日本留学者の集い」が実現している。そこで交流を深めた参加者が中心となって、77年6月にアセアン元日本留学生評議会（ASEAN Council of Japan Alumni）が結成されると、福田は名誉会員として参加した。

　このように、首相就任以前から、東南アジアに「特別な関心」を持ち、様々な東南アジア諸国指導者とコネクションを有していた福田が[16]、三木政権以来のASEAN重視政策を引き継ぐことは、当然のなりゆきだった。実際、福田は、1977年1月31日の施政方針演説で、東南アジア諸国の平和と繁栄を、日本にとって「最も大きい関心事」と位置づけ、「ASEANに見られるような自主的発展を目指すさまざまな努力」に対し、「人的交流、国づくりへの積極的寄与等を通じ」、協力することを表明した[17]。

15　越智通雄『父・福田赳夫——その人間・その財政』サンケイ新聞社出版局, 1973年, pp.90-6.
16　前掲福田『回顧九十年』pp.280-5.
17　「第80回（常会）福田赳夫内閣総理大臣施政方針演説」1977年1月31日, http://www.ioc.u-tokyo.ac.jp/~worldjpn/documents/texts/pm/19770730.SWJ.html（2016年3月13日閲覧）

また、歴訪を成功させた一つの要因に、福田個人に対する東南アジア諸国首脳や高官の高い評価がある。上述の通り、福田は首相就任以前から、東南アジア諸国指導者に多くのコネクションを有していたし、東南アジアに関する取り組みに注力しており、これらは多くのASEAN諸国首脳からも知られるところとなっていた。

　それに加えて福田には、1977年のロンドン・サミット（先進国首脳会議）で、ヨーロッパやアメリカの先進国首脳と席を並べて議論したという「拍」がついていた[18]。しかも、このロンドンのサミットで福田は、当時のASEAN諸国が強く主張していた反保護貿易を鮮明に打ち出していた。その際福田は、第一次世界大戦から第二次世界大戦に至る歴史的経緯を論じ、第二次世界大戦は、もともとは自由貿易体制が放棄され、主要国が保護貿易体制に走ったはけ口だったと説いた。戦前の問題に携わっていた者がほとんどいなかった参加国首脳は、「歴史の生き証人」たる福田の話に耳を傾け、結果として先進国首脳は、保護貿易を批判することで合意した[19]。日本・ASEAN首脳会議に先立ち開催されたASEANおよび日本、オーストラリア、ニュージーランドの8か国首脳による非公式会談でも、福田は第二次世界大戦期と現代の経済状況の比較や、自由貿易の実際について意見を開陳し、並み居る首脳の中でも議論をリードする高い能力を示した[20]。福田は反保護貿易の姿勢を日本・ASEAN首脳会談でも一貫して示し続け、ASEAN諸国首脳の高い評価を受けている[21]。

　その結果、日本・ASEAN首脳会議では、福田の「問題を正確に認識したうえで率直に意見を述べたこと、さらに終始確信に満ちた態度で」議論をリードする能力が高く評価された[22]。例えば、日本・ASEAN間の地域特恵制度設置

18　中江要介，矢野暢，樹下明「鼎談　日本とASEANの新時代—福田総理のASEAN歴訪を終えて」『経済と外交』（664），1977.9，p.5．

19　前掲福田『回顧九十年』，pp.288-291．

20　「ASEAN首のう会議（8首脳非公式会談）(A)」1977年8月7日，ア地政，外務省外交史料館所蔵文書，2010-4240，SB.19.1.0．

21　例えば、フィリピンのロムロ外務長官がそうした発言を行っている。御巫発外務大臣宛「総理の東南アジア諸国訪問（ロムロ外務長官と本使とのこん談）」，1977年8月29日，外務省外交史料館所蔵文書，2010-0033，SA.1.3.1．

22　吉良発外務大臣宛「総理の東南アジア訪問（評価）(A)」1977年8月20日，ア地政，

に関する要望を、日本側は断っていたため、「その処理の仕方如何によっては双方間に面白からざる空気の残る可能性大であった」が、福田は、世界経済の危機から説き起こしつつ、グローバルな自由貿易の必要性を強調することで、当該地域特恵が日本・ASEAN双方にとって有利な結果を生まないと明確に論じた。これにより友好的にASEAN側の譲歩を得ることができたのである。

このように、福田のプレゼンテーション能力により、歴訪を通じて「できることとできないこと、更にフォローアップを要することなど」を明快に説明したことにより、ASEAN諸国首脳からは、「かつて日本の政治家の口からこれ程はっきりと日本の外交方針を示されたことはなかった」と「深い感銘」が得られ、日本の立場に対する理解・評価の表明につながった。これにより、日本の「協力の限界を先方の期待感をそこなうことなく理解せしめたことは、今後の協力の基盤を固める上で極めて有意義であった」との評価が、外務省でも生まれていたのである[23]。

3. 福田ドクトリンとASEAN重視政策

第一原則

マニラ・スピーチはもちろん、東南アジア歴訪を通して福田は、歴史を見れば経済大国は同時に軍事大国であったが、日本はあえてその道をとらず平和に徹すること、さらに、その結果生じる余力をもってアジア、ひいては全世界の安定と繁栄に貢献するという日本の基本方針に繰り返し言及していた。これは、例えば佐藤の演説にもしばしば登場するほど[24]、日本政府としても真新しい考え方ではない一方、戦後約30年間を通して多くの日本国民のコンセンサスを得られ、定着していた外交理念とも言えた。

したがって、日本は軍事大国にならないとするマニラ・スピーチの内容に新味はないが、これを国際的に発信することは、東南アジア諸国にとって大きな

外務省外交史料館所蔵文書, 2010-0032, SA.1.3.1.
23　前掲「福田総理の東南ア歴訪の成果と今後の施策」.
24　「国連25周年記念会期における佐藤栄作内閣総理大臣演説」於ニューヨーク, 1970年10月21日,『外交青書』15号, pp.390-6.

意味があった。そもそも、この言及は、マニラ・スピーチの初稿になかったものだが、福田がわざわざ指示して盛り込まれた経緯がある[25]。その理由として福田は、経済大国日本が軍事大国になり、アジア諸国を侵略すると危惧する国家があるためと率直に認めている[26]。実際、福田の東南アジア歴訪後、歴訪先の報道を分析した外務省報道課は、おおむね一致して高い評価が与えられたのは、軍事大国にならないという第一原則だったとしている[27]。

軍事大国化の拒否によって生まれた余力で、種々の協力を行う、というスタンスゆえに、日本の援助増大は、軍事大国にならない原則を裏付けるものとの位置づけがなされた。福田は、日本の政治分野における国際的役割拡大に関して、あくまで経済的貢献を中心とし、「経済協力がひいては政治的役割につながる」との姿勢を示している[28]。これは、「経済力と技術を提供して経済発展に協力し、平和と繁栄の基礎造りに貢献する」、間接的な政治的役割を果たすというものであり、この考え方に基づけば、「軍事的役割を演ずることは絶対にありえない」[29]。換言すれば、憲法第9条や非核三原則を遵守する日本は、軍事力でなく経済力で世界の平和および安定に貢献するというものだった。実際福田は、軍事分野での支出増大よりも開発途上国、特にASEANに対する援助増大に努めたいと述べており、ASEAN首脳の高い評価を得ていた[30]。

25　枝村純郎「「福田ドクトリン」の誕生」『外交フォーラム』2008年11月，p.82．
26　『福田総理会見記録（EC常駐記者）』昭和52（1977）年9月20日，情報文化局海外広報課，外務省外交史料館所蔵文書，2012-1485，SA.1.2.1．
27　「福田総理東南アジア歴訪の成果とマニラ声明―ASEAN各国紙の報道と論評」昭和52（1977）年8月27日，報道課，外務省外交史料館所蔵文書，2010-0031，SA.1.3.1．
28　椛沢克彦「「カミシモ」をはずした日米関係へ：福田訪米に同行して」『世界週報』1977年4月12日，p.52．
29　「福田総理内外合同記者会見想定問答集」1977年8月，外務省外交史料館所蔵文書，p.25，2010-0031，SA.1.3.1．
30　*AFP*, 9 Aug, 1977; 域内諸国の評価の例としては、例えば、マルコスが大統領主催晩餐会におけるスピーチで述べている。御巫発外務大臣宛「総理の東南アジア諸国訪問（ばんさん会スピーチ）（B）」，1977年8月19日，外務省外交史料館所蔵文書，2010-0033，SA-1.3.1．

第二原則

　福田は、日本の「経済的侵略」や「軍国主義化」イメージの国際的広がりの原因として、日本は世界中に商品を送り出しているものの、相手国との「意思交流のパイプ」が細いことを挙げていた。そこで、「経済的な交流が盛んになればなるほど、心の交流も盛んにしなくてはならない」というのが、福田の考えだった[31]。田中の東南アジア訪問時にも、東南アジア五原則でアジア諸国との相互理解促進が謳われていたものの、現実には日本人と現地人の間に「心の交流」が著しく欠如したまま、経済の関係構築が中心となっていた。実際、福田政権期に外務省アジア局長を務めた中江要介は、田中による東南アジアへの関心が、「経済、金もうけ中心」の「次元の低い」ものであり、それが田中による東南アジア訪問失敗の原因になったと指摘している[32]。この結果、生み出されたのが福田ドクトリン第二原則で謳われた「心と心の触れ合い」であり、それは「物と金のきずなによってのみ結ばれている」関係へのアンチテーゼであった[33]。

経済協力を通じた「心と心の触れ合い」

　とはいえ、「心と心の触れ合い」は、経済協力を否定するものではもちろんないし、経済協力と別次元で実施されるものでもない。実際、例えば中江は、戦争終結後のベトナムに対する支援について、「経済復興という面でいいから、日本が出て行って、（中略）心と心の触れ合いを通じて、相互信頼のできるような関係を持つ努力をしていこうというもの[34]」と述べ、経済協力の過程で心と心の触れ合いが可能であることを示唆している。また、西山も、1977年12月に開催された東南アジア・太平洋地域大使会議で、「心と心の触れ合う」相

31　前掲越智『父・福田赳夫』、pp.102-3.
32　中江要介（著）、若槻秀和, 神田豊隆, 楠綾子, 中島琢磨, 昇亜美子, 服部龍二（編）『アジア外交の動と静―元中国大使中江要介オーラルヒストリー』厚徳社、2010年, p.171.
33　吉良発外務大臣宛「スハルト大統領主催ばんさん会における総理スピーチ（B）」、1977年8月13日、外務省外交史料館所蔵文書、2010-0031, SA.1.3.1.
34　前掲中江『アジア外交の動と静』、p.179.

互理解と信頼の関係を構築するために必要なことは何かという問いかけの答えとして、「結局のところわが国が鮮明にした政策、特にASEAN首脳との共同声明で明らかにした種々の分野、就中経済面での協力を着実に実施していく」ことが「第一歩」として挙げられたと述べている。つまり、「心と心の触れ合う」相互信頼関係は、金と物の関係と切り離したところに成立するのではなく、金と物との関係が真の協力関係と言えるものとなったときにその土壌の上に芽生える花だというのが基本的な認識」なのである[35]。その要諦は、物と金の付き合いではない、「本当にお互いの立場を理解しての協調、連帯」という関係であり[36]、「ASEAN諸国の経済・社会開発計画に一層密着した形での協力を進め」ることを通じて、「相互理解と信頼とを増進」することにあった[37]。

　より具体的には、マニラ・スピーチで、「ASEAN工業プロジェクトに対する10億ドルの協力に積極的姿勢を示したのも、地域連帯の強化を熱望するASEAN諸国民の心に「心と心の触れ合う」理解をもって応えることが重要であると考えたから」と述べられている[38]。中江は、ASEAN工業プロジェクトに対する10億ドル供与の意図表明が、「心と心の触れ合い」を前提としたコミットだと言える理由について、以下のように論じている。すなわち、それまでは、経済協力が要請された場合、フィージビリティを調べ、供与される援助が有効に活用されるかを確認したうえで、協力の実施が決定されていた。しかし今回は、バイではなくASEANというまとまった形で10億ドルの要請があったのだから、「フィージビリティをあと回し」にしてでも、まずは10億ドル供与の意図表明を行い、ASEAN側の「願望に日本として応えていきたい」という意思を示した。その意味で「発想の転換」がなされたのであり、「その基本

35　西山健彦「公と私の葛藤」『経営コンサルタント』（352），1978.2，pp.80-1.
36　当面の内外施策（福田内閣総理大臣）」於東京帝国ホテル，1978年9月26日，前掲データベース『世界と日本』. http://www.ioc.u-tokyo.ac.jp/~worldjpn/documents/texts/exdpm/19780926.S1J.html（2016年3月14日閲覧）
37　前掲「福田総理内外合同記者会見想定問答集」
38　「福田ドクトリン演説，福田越夫内閣総理大臣のマニラにおけるスピーチ（わが国の東南アジア政策）」於マニラ，1977年8月18日，『外交青書』22号，pp.326-330.

には、ASEANの人たちの心を理解しようという姿勢」があった[39]。たしかに、工業プロジェクトに対する日本の支援について福田も、日本・ASEAN首脳会議後の内外記者会見で、「ニュー・ストレイツ・タイムスの見出しでは、この援助に"IF"と条件付きになっていたが、これは間違いで"WHEN"が正しい。IFじゃなくてWHENだ」と述べた。つまり、プロジェクトのフィージビリティが確認されれば（if）ではなく、フィージビリティが確認されたとき（when）に援助を供与するとし、援助供与は規定路線であることを強調したのである[40]。

文化協力と「心と心の触れ合い」

さらに、「心と心の触れ合い」を実現するうえで、重視されたのが、人的・文化的交流だった。実際、福田は、「心と心の通う相互理解」を旗印に、佐藤政権の外相として国際交流基金の設置に尽力し、また、田中政権の蔵相として、経済摩擦を文化交流で緩和しようしていた[41]。福田政権以前の外務省でも、「心と心の触れ合い」という言葉は、しばしば使用されていた。例えば、田中の東南アジア訪問直後にアジア局が作成した資料でも、日本の東南アジアにおけるプレゼンスが、経済面に偏っていることが問題視され、それ以外の分野、とりわけ文化交流が、アジアの隣国との「心と心の触れ合いを培う有効な基盤を提供するもの」として重視されている[42]。

福田政権下の外務省も、「圧倒的な経済面でのプレゼンスを補完し、中和する」文化協力を推進する姿勢だった。あくまで一例に過ぎないが、西欧諸国が途上国でしばしば行っている技術学校の設置や学術関係図書の寄贈などによって、日本に対する悪印象を緩和することも謳われている。さもなければ、日本はいつまでも「『カネ、カネ、カネ』の醜悪なる成金ものと嫌われ、いくら経

---

39 前掲中江ほか「鼎談 日本とASEANの新時代」、pp.11-12.
40 児玉伸昭「対ASEAN協力の新時代へ―特別, 緊密な経済関係を志向―」『世界週報』1977年8月30日、pp.20-1.
41 須藤季夫「変動期の日本外交と東南アジア」日本政治学会編『年報政治学』岩波書店、1997年、p.48.
42 「東南アジア及び韓国における対日批判問題（II）―対策―」昭和49（1974）年3月31日、アジア局、外務省外交史料館所、2010-0041, SA.1.3.1., pp.15-16.

済・技術協力を打ってもそれが日本外交のプラスとなって還元されることはないことを覚悟しなければならない」と、アジア局は予想している。つまり、深化した経済関係に見合う「心」の交流が貧弱であり、だからこそ、今回の福田による歴訪が、このようなASEAN側の不満を軽減する契機となるべく、人的・文化的な交流、「心と心の触れ合い」の画期的な増進への端緒としなければならないとアジア局は訴えた[43]。

　文化協力に関して、福田政権の新味は、文化事業部が中心となって概要が企画されたASEAN文化交流基金（ASEAN Fund for Cultural Interchange）創設案とそれに対する日本の全面的資金協力である。基金設立に関する協議は、1977年3月15日、江藤淳（東京工業大学教授）、永積昭（東京大学教授）、岩田慶治（東京工業大学教授）、および矢野暢（京都大学助教授）が文化事業部に招請され、対ASEAN文化交流のあり方について協議がなされたことに始まる。ここで「これ迄の通常ベースの文化交流を漸次増やして行くというのではなく、抜本的な形のものを実施しなければならない」との問題意識が示され、基金の設立が提案された[44]。その後、江藤と永積が東南アジア諸国を訪問し、政治的指導者から有識者、反日デモの首謀者にまで至る多様な人々から基金に関する意見を聴取して、好意的な反応を得た。両者の報告をもとに、基金案を文化事業部が練り直し、大蔵省との折衝を経て、日本・ASEAN首脳会議でこの構想が福田によって示された。その後、78年1月と3月の2回にわたる日本・ASEAN合同の専門家による事務レベル検討を経て、ASEAN文化基金（ASEAN Cultural Fund）設立が決定された。日本は総額50億円を限度としての資金拠出を表明し、そのうち20億円が第85回国会で成立した補正予算に計上された[45]。後に残りの30億円も、日本の拠出が決定された。

　基金は、日本とASEAN間の文化協力を目的としたものではない。あくまで、

43　「対ASEAN外交推進の意義」、昭和52（1977）年7月14日、外務省アジア局、外務省外交史料館所蔵文書、2010-0044, SA.1.3.1.

44　「対ASEAN諸国文化交流強化策について」昭和52（1977）年3月25日、文化事業部、外務省外交史料館所蔵文書、2010-3452, SI.1.4.1.

45　「日本とASEAN―心と心の触れ合う相互理解―」外務省外交史料館所蔵文書、2012-1486, SA.1.2.1.

ASEAN域内の文化交流を促進し、ASEAN諸国間の相互理解と、「心と心を通ずる」連帯の基盤を強化するものである。したがって、基金の創設は、反日論の緩和といった形で日本に直接利するものではないが、ASEAN諸国の連帯と強靭性強化の自主的努力に、基金を通じて日本が協力することで、結果的に日本・ASEAN間に「心と心の触れ合い」が生まれるような配慮をすることが謳われたのである[46]。

第三原則

ASEANおよびその加盟国の連帯および安全保障の社会・経済的基盤、すなわち強靭性を強化する自主的努力に対する支援も、福田ドクトリンで表明されているが、これも、福田政権以前から外務省の基本的な方針に含まれていた。例えば、すでに述べたように、ASEANなどアジア諸国が自主的に行っている地域協力の尊重は、東南アジア五原則に謳われている。特に、外務省は、アジア諸国の「自主性」を尊重する立場をとっており、日本がイニシアティブを握りながら域内の諸問題に取り組むことに消極的な姿勢を見せた。例えば、新しい地域構想などを、不適当な「スタンド・プレイの外交」と地域政策課は断じ[47]、もはや、日本は「華々しい役割」を考えるべきではないという見解を示していた[48]。さらに、地域政策課は、1971年にASEAN諸国が宣言した東南アジアのZOPFAN（平和・自由・中立地帯: Zone of Peace, Freedom and Neutrality）化の中で謳われた、強靭性を高め、外的干渉を排し、安全を確保しようとする自主自立の精神を支持し、経済協力する方針を掲げていた[49]。アジア諸国自身が自らのイニシアティブで国内の基盤を固め、国を守る努力を

---

46 「対ASEAN文化協力」昭和53（1978）年1月30日, 文1, 外務省外交史料館所蔵資料, 2010-3456, SI.1.4.1.
47 「アジアの中の日本」昭和49（1974）年12月26日, ア地政局, 外務省外交史料館所蔵資料, 2012-1482, SA.1.2.1
48 「アジアにおける我が国の政治的役割について」昭和49（1974）年10月8日, ア地政長, 外務省外交史料館所蔵資料, 2012-1483, SA.1.2.1
49 「三木総理とアーベル独蔵相との会談用発言資料」昭和50（1975）年4月3日, ア地政, 外務省外交史料館所蔵資料, 2012-1483, SA.1.2.1.

する重要性こそが、ベトナムから与えられた一つの教訓、というのが同課の立場だった[50]。

　こうした基本姿勢は、福田政権に至っても受け継がれている。まず、域内諸国の自主性とイニシアティブを尊重する観点からのASEANに対する高評価である。福田が自民党総裁に選ばれ、国会での首班指名選挙を翌日に控えた1976年12月23日に地域政策課は、『日本・ASEAN関係』という資料を作成した。それによるとASEANは、地域の諸問題を地域諸国自身の手により外国の干渉を排して解決しようとする「地域ナショナリズム」の産物であり、ZOPFAN宣言が、こうしたASEAN諸国の認識を示すものとして例示されている[51]。外務省は、南ベトナムおよびカンボジアの共産化を「自ら助ける意思と能力のない国家の運命を示した実物教訓」と批判する一方で、ASEANの活動は、「かかる実物教訓を目の当たりにした東南アジア非共産主義諸国の奮発であり、それに起因する自助努力の象徴」と評価している。それゆえ、日本政府によるASEANとの協力は、「ASEAN諸国の立国の基礎である自主性の育成につながり、この地域の強靱性の涵養への貢献はまことに大というべき」なのである[52]。

　先に挙げたASEAN五大工業プロジェクトに対する支援が、この具体策に当たることは言うまでもないが、ASEAN文化交流基金構想も、ASEAN諸国の自主・自立や連帯性、強靱性強化に貢献しようとするものである。ASEAN文化基金への日本による協力が、日本とASEAN諸国間の相互理解を通じた反日論の緩和とされていないことは、前節で述べた通りである。これは江藤、永積、

50　「8月総理訪米 National Press Club/ 75年大臣訪米」作成年月日不明，外務省外交史料館所蔵資料，2012-1482，SA.1.2.1；「わが国のアジア政策（日米首脳及び外相会談用）」昭和49年11月6日，アジア地政局，外務省外交史料館所蔵資料，2012-1482，SA.1.2.1.

51　同文書では、東南アジアが歴史的に「大国勢力の交差する草刈り場」となったことで、同地域諸国が自立性を失い、地域としてのアイデンティティを欠如させ、それが地域の平和と安定を阻害してきたことがASEAN設立の背景にあると論じられている。「日本・ASEAN関係」ア地政資料76—41，ASEAN情報No.8，アジア局地域政策課，昭和51年12月23日，外務省外交史料館所蔵文書，2010-0031，SA.1.3.1.，pp.1-10.

52　前掲「対ASEAN外交推進の意義」．

岩田、矢野が文化事業部に招請され協議した際、協力にあたっては「アジアにどのような文化圏を作るかとの構想がなければならず、基金の構想は域内国が自らの文化圏を築くために寄与する観点から重要」だとして、「対ASEAN文化協力は反日論に対処することを出発点とするのは誤り」と矢野が述べたことに端を発する。矢野によれば、「未だ『実』のある存在ではない」ASEANが「『虚』から『実』へ育つことが国益に合致する」のである[53]。こうしたASEAN諸国間の連帯と相互理解を育むという基金の趣旨は、基金が日本・ASEAN首脳会議で提案されるまで、文化事業部に生き続けた。実際、例えば福田歴訪前の勉強会資料では、基金の創設により、ASEAN諸国が「精神的連帯感を培い、もって、自らの文化圏を確立することに協力したい」と論じられている[54]。

　また、同基金の運営は、ASEAN諸国のイニシアティブに委ねられるとされた。実際、福田が1977年8月の日本・ASEAN首脳会議でこの構想を示した際も、福田による提案という形ではなく、「もし『ASEAN文化交流基金』のような具体的構想が打ち出されるなら、応分の寄与をする用意がある」という控えめな表現が用いられた[55]。基金は、基金の利子で運営されることとされ、日本は、同基金の設立期には複数回にわたって拠出金を出すものの、それ以後は継続的な事業費の拠出をしなかった。これにより、同基金の運営に拠出国日本が口出しできない構造が形成されたのだが、それは、同基金が「日本政府の文化事業のダミーであるとの疑念を払拭するため」であり、「直接でなくワン・クッション入れた形でないと各国の文化人に敬遠される惧れ」があったからである[56]。日本政府としては、あくまで基金が、ASEANのイニシアティブで運営される

53　「対ASEAN諸国文化交流強化策について」昭和52（1977）年3月25日，文化事業部，外務省外交史料館所蔵文書，2010-3452, SI.1.4.1.
54　「6. 文化面における協力（御発言要領案）」昭和52（1977）年7月21日，外務省外交史料館所蔵文書，2010-0044, SA.1.3.1.
55　前掲「対ASEAN諸国文化交流強化策について」．
56　ただし、ASEAN諸国に基金を運営できる能力があるか不透明であったことから、「先方の要望ある場合には」国際協力事業団等より専門家を派遣し、基金の運営管理の適正を期することとするとされた。また、「運営方針については日本・ASEANフォーラムにおいて討議し、我が国の意見を十分反映しうるようにする」とある。前掲「ASEAN文化交流基金構想の概要（案）」．

インドシナ諸国とのバランス

　福田の東南アジア訪問中に、繰り返し説明された理念として、一国のみで繁栄は達成できないため、相互扶助、連帯および協調が必要であり、対決・緊張および排他性を排除しなくてはならないというものがある。すなわち、ASEAN諸国に対して重点的に協力する一方、インドシナ諸国ともある程度の接触を保ち、もって、東南アジア全域の安定と繁栄に貢献しようとしたのである[57]。インドシナ三国との共存は、ASEAN首脳会議でも確認されていたし、日本も、1973年にはベトナムとの外交関係を樹立し、75年にはハノイに日本大使館を設置、援助も開始していた。

　ただし、ASEAN諸国首脳の多くは、そうした公式発表とは裏腹に、インドシナ諸国に対する警戒を日本・ASEAN首脳会議で露わにしており、日本の対インドシナ援助にも一定の釘を刺そうとしていた。例えばタイのターニン・クライウィチエン（Thanin Kraivichien）首相は、日本のインドシナ諸国に対する協力が、当該諸国の軍事的潜在能力増大につながることに懸念を表明していた。すなわち、インドシナの社会主義諸国は、一部のASEAN諸国と二国間関係の改善を図っているものの、集団的存在としてのASEANには全般的に敵意を有しており、ASEANの団結と連帯を破壊しようと画策していると、ASEAN首脳会議開会式の基調講演で述べた[58]。インドネシアのスハルト（Suharto）大統領も、自国の保有する武器に米国の残した武器を加えて、インドシナ諸国の軍事力は東南アジアにとっての脅威になったと論じた。マレーシアのフセイン・オン（Hussein Onn）首相も、インドシナ諸国再建の援助は必要としつつ、これらの国々に武器となるものを与え、非共産諸国に危険をもたらすやり方は避けなくてはならないと述べていた[59]。

57　前掲「福田総理の東南ア歴訪の成果と今後の施策」．
58　金重絃「日本と"運命共同体"結成へ―首脳会議，今後一〇年の進路決める―」『世界週報』1977年8月30日，pp.14-5．
59　枝村純郎「初の日本・ASEAN首脳会議」『外交フォーラム』2008年12月，p.74．

〈第3章〉福田ドクトリンとASEAN重視政策―望ましく有用な日本人のイメージを形成するために

　これに対し福田は、日本の優先順位はASEANにあると明言することで、理解を得ている[60]。すなわち、例えばターニン首相に対して福田は以下のように述べた。インドシナ諸国は、社会主義化したものの「ナショナリズムに燃えて」おり、そのためか、例えばソ連のカムラン湾提供要求や、アジア集団安全保障構想にも積極的な姿勢を示していない。こうした状況下では、「日本のような国が細いながら接触の糸を持つこと」が、ベトナムの対ソ・中依存を軽減し、その勢力下にインドシナ諸国が入らないためには有効である。そして、日本は「その限度でこれら諸国との関係を改善し、接触を維持してゆくつもりである」[61]。つまり、西側諸国からのインドシナ諸国に対する経済援助は、対話のパイプ維持と、同地域諸国の自主独立志向のサポートに留める方針だった[62]。

　またベトナム向けの援助に、ASEAN諸国の製品を購入するという条件を付けるなど、日本には、「対ASEAN関係と対ヴィエトナム関係とをバランスさせる意図」があることが示された[63]。さらには、ASEANに加盟していない域内諸国の中では、非共産主義国ビルマに対して優先的に経済協力を行っている[64]。これに対し、ターニンは「完全に理解と賛意を示し」、また、例えばフィリピンのマルコスも、こうした日本の姿勢は、ASEAN首脳会議において採択された立場と同様であると述べた[65]。

60　「福田総理とマルコス・フィリピン大統領との二者（テート・ア・テート）会談議事録」昭和52（1977）年8月22日，ア東二，外務省外交史料館所蔵文書，2010-0034，SA.1.3.1；「総理の東南アジア諸国歴訪(8月24日吉野外務審議官の在京米国大使館ミュー・スミス行使への説明概要) 昭和52年8月25日，地域政策課，外務省外交史料館所蔵文書，2012-1485，SA.1.2.1．

61　前掲「対ASEAN外交推進の意義」．

62　「〈参考資料〉ASESANの現状」『福田総理内外合同記者会見想定問答集』，1977年8月，外務省，外務省外交文書館所蔵文書，2011-0345，SA.1.3.1．

63　前掲「総理の東南アジア訪問（豪側評価）」．

64　前掲「対ASEAN外交推進の意義」．

65　大河原豪州大使発外務大臣宛「総理の東南アジア訪問(豪側評価)」1977年8月30日，外務省外交史料館所蔵文書，2011-0344，SA.1.3.1；「〈参考資料〉ASESANの現状」「福田総理内外合同記者会見想定問答集」，1977年8月，外務省，外務省外交文書館所蔵文書，2011-0345，SA.1.3.1．

4. 結論

　以上みてきた通り、福田ドクトリンで示された日本外交の理念は、第三のみならず第一・第二原則もASEAN重視政策と連関を持ち、さらに日本のプレゼンスやコミットメントが、東南アジア諸国にとって望ましく有用と認識されうる理念を発信するものだった。すなわち第一原則は、日本による将来の軍事大国化に対するASEAN諸国の懸念を緩和し、さらにそれによって生まれた余力で種々の協力を行う姿勢がとられたゆえに、日本の援助増大が、軍事大国にならないという原則を裏付けるものとなった。第二原則で掲げられた「心と心の触れ合い」は、それまでとは「桁違い」な経済協力とASEAN文化基金で新味を持ちつつ、「本当にお互いの立場を理解しての協調、連帯」という関係が目指された。第三原則のASEANおよびその加盟国の連帯と強靭性を強化する自主的努力に対する支援も同様に、福田より前の政権から基本姿勢を踏襲しつつ、ASEAN五大工業プロジェクトへの支援表明や、ASEAN文化基金設立等によって新味が与えられた。第三原則では、インドシナ諸国との平和共存も謳われているが、ASEANにより高い優先順位を置くことで既存のバランスを維持しようとしている。

　マニラ・スピーチの際、最初に大きな拍手が起こったのは、「日本の政府と国民は、ASEANの連帯と強靭性強化への努力に対し決して懐疑的な傍観者とはならず、ASEANとともに歩む「良き協力者」であり続けるであろう」ことを約束するくだりだった。中江はこれを、「日本が単なる傍観者でなくて、ASEANと共に良き協力者として、相携えて歩くのだという」姿勢が、「文句なしに歓迎された」ものだと解説している[66]。本稿が分析した日本の外交理念は、いずれも「日本が単なる傍観者でなくて、ASEANと共に良き協力者として、相携えて歩く」ことを示すものだった。その意味で、福田の東南アジア歴訪は、日本のプレゼンスやコミットメントが、東南アジア諸国にとって望ましく、有用であると認識される理念を発信するものだったのであり、日本人のイ

---

[66]　前掲中江ほか「鼎談　日本とASEANの新時代」、p.9; 前掲「福田ドクトリン演説」pp.326-330.

〈第3章〉福田ドクトリンとASEAN重視政策―望ましく有用な日本人のイメージを形成するために

メージ改善に一定の貢献を果たしたのである。

【付記】本稿は、平成26-28年度科学研究費補助金若手（B）（課題番号26780103）の成果の一部である。

〈第4章〉

非軍事手段による人的支援の模索と戦後日本外交——国際緊急援助隊を中心に

加藤博章

1. はじめに

　戦後日本においては、憲法9条の制約や国内世論の反発から自衛隊による人的支援は忌避される傾向にあった。91年4月に海上自衛隊の掃海部隊がペルシャ湾に派遣されるまで、自衛隊海外派遣は検討されながらも実現しなかった。しかし、米国をはじめとする海外や日本国内において、日本政府に人的支援を求める動きはしばしば見られた。こうした中で日本政府は自衛隊以外の手段による人的支援策を模索し続けていたのである。

　国際緊急援助隊はその中で実現したものの1つだった。日本は1979年にタイに脱出したカンボジア難民に対する救援活動をきっかけとして、国際的な大規模災害や人道危機に対する救援活動である国際緊急援助活動への関与を開始した。その後、1987年9月16日、「国際緊急援助隊の派遣に関する法律（以下国際緊急援助隊法）」が施行され、日本政府は大規模かつ迅速に緊急援助を行うための体制を整えた。その5年後の1992年に国際緊急援助隊法は改正され、自衛隊が国際緊急援助隊に関わることとなった。こうして、現在（2016年）まで続く体制が構築されたが、本論は国際緊急援助活動を行う上で日本政府が如何なる体制を構築したのかを明らかにするものである。

　国際緊急援助隊法成立過程についての学術的な研究は存在せず、略史[1]に止まり、国際緊急援助隊発足に至る過程が明らかになっているわけではない。国

---

[1]　例えば、中内康夫「国際緊急援助隊の沿革と今日の課題―求められる大規模災害に対する国際協力の推進」『立法と調査』323号（2011年12月）。和田章男『国際緊急援助最前線』国際協力出版会、1998年、45―50頁；国際協力機構「国際緊急援助の歴史」（http://www.jica.go.jp/jdr/about/history.html）（最終アクセス日2015年5月12日）

〈第4章〉非軍事手段による人的支援の模索と戦後日本外交──国際緊急援助隊を中心に

際緊急援助隊発足以前、海外で大規模災害が発生した場合、日本政府は経済援助や医療チームの派遣によって、救援活動支援を行った。しかし、救援活動の実績を積む中で大規模災害発生直後に必要とされる支援は、救助チーム派遣であり、日本も救助チームを派遣することによりさらなる支援を示すべきと言う意見が出されるようになった。こうして、国際緊急援助隊発足の道が開かれたのである。

　国際緊急援助活動関与拡大において、取りまとめの中心となったのは外務省だった。外務省を中心として、国際緊急援助活動に対する人的支援構想が策定され、内閣官房や関係各省庁との調整を経て、1987年に国際緊急援助隊法が成立し、国際緊急援助隊が発足した。

　その間、国際緊急援助隊の形式や体制整備について様々な選択肢が提示され、議論が行われた。この議論に加わったのは外務省だけではない。国際緊急援助活動は、海外における大規模災害への救援活動であるため、外務省以外の各省庁の所掌をも内包するものであった。例えば、被災国との折衝は外務省の所掌であるが、人命救助の要員については警察庁や消防庁が担当していた[2]。国際緊急援助活動は複数の省庁の所掌に関わっていたため、法案作成においては関係省庁の折衝が必要とされ、その中心が外務省だったのである。そのため、外務省を分析の中心に据える事で、国際緊急援助体制構想と関係各機関との調整及び議論を経て、日本政府が如何なる体制を構築するに至ったのかを解明することが出来よう。

　国際緊急援助隊法制定過程を分析することは、国際緊急援助体制構築過程を検証するだけではなく、現在に続く日本の人的支援の模索を論証することでもある。国際緊急援助体制構築に際して、様々な議論が行われた。その中でも大きな問題となったのが、自衛隊参加問題だった。湾岸戦争停戦後の1991年4月に海上自衛隊の掃海部隊がペルシャ湾に派遣され、自衛隊海外派遣が実現した。しかし、1991年の自衛隊海外派遣の実現以前にも人的支援策自体は議論されていた。例えば、1987年のペルシャ湾安全航行問題の際には、米国が要

2　国際緊急援助体制の内訳は外務省、国土庁、警察庁、科学技術庁、文部省、厚生省、農水省、通産省、運輸省、海上保安庁、気象庁、郵政省、建設省、消防庁。

請した掃海艇派遣の代替案として海上保安庁の巡視船派遣が[3]、1990年の国際平和協力法案策定過程[4]では自衛隊とは異なる組織を新たに創設した上で派遣する方式が模索されていた。

自衛隊派遣の可能性が議論されたのは国際緊急援助法においても同様だった。法作成過程において、自衛隊参加問題は外務省内や国会において議論された。結局、援助隊に警察、消防、海上保安庁の職員の参加は定められたが、自衛隊員の参加は例え個人であっても認められなかった。

結果的に国際緊急援助隊に自衛隊は参加しなかったが、1991年に自衛隊海外派遣が実現する以前、自衛隊以外の形式による人的支援が幾度も模索されてきたことは事実である。国際緊急援助隊はこれらの自衛隊以外の人的支援策の先駆けと言えるものであり、実際、国際平和協力法案策定過程では国際緊急援助隊方式が参考とされた[5]。こうしたことから、国際緊急援助隊創設過程を問い直すことで日本の人的支援模索の動きを問うことが出来よう。

本章においては、以上の観点から国際緊急援助隊創設を巡る動きについて、当時の国会議事録や関係省庁（外務省、運輸省（当時）、警察庁、総務省、内閣法制局、海上保安庁）に対する情報公開請求を通じて入手した公文書から分析していく。

本章の構成は以下の通りである。

まず、第1節においては、なぜ日本政府が国際緊急援助体制を強化することが必要と認識したのかを論じる。結論を先取りすれば、カンボジア難民問題とその後に創設された国際救急医療チーム（JMTDR：Japan Medical Team for Disaster Relief）の活動を通して、国際緊急援助体制強化の必要性が、日

---

[3]　ペルシャ湾安全航行問題における巡視船派遣案については加藤博章「冷戦下自衛隊海外派遣の挫折―1987年ペルシャ湾掃海艇派遣問題の政策決定過程」『戦略研究』第10号（2011年10月）。山口航「中曾根康弘政権における日米同盟の拡大―ペルシャ湾安全航行問題を事例として」『同志社法学』64巻4号（2012年9月）。

[4]　国際平和協力法案策定過程については庄司貴由「法案作成をめぐる争い―外務省と国連平和協力法案作成過程」『年報政治学2011―Ⅱ 政権交代期の「選挙区政治」』2011-2号（2011年）。

[5]　庄司「法案作成を巡る争い」211頁。

本政府内で高まってきたことを指摘する。カンボジア難民支援における日本政府の支援の遅れを教訓としてJMTDRが結成されたが、その活動は医療面に限定されていたため、活動を行っていく中で救助活動等の他の分野における必要性が指摘されるようになった。こうして日本政府は国際緊急援助体制の強化を模索していく。

　第2節は国際緊急援助体制強化を日本政府が如何なる体制により図ろうとしたのかを政府内の議論を通じて、分析していく。

　湾岸戦争停戦後の91年4月に実施されたペルシャ湾掃海艇派遣により、自衛隊海外派遣はその範囲を拡大し、それは国際緊急援助隊にも及んだ。

　第3節はペルシャ湾掃海艇派遣以降の日本の海外派遣論議とその影響を論述し、さらに国際緊急援助隊に自衛隊が参加することになった経緯を論述する。

　以上の点から、日本政府が如何にして国際緊急援助活動に関与する体制を構築したのかを明らかにする。

2. 国際緊急援助隊前史

　日本が国際緊急援助活動を行うようになったのは、70年代のカンボジア難民支援がきっかけだった。1978年12月25日にベトナムがカンボジアに侵攻すると、大量の難民がタイとカンボジアの国境地帯に流入した[6]。欧米諸国がカンボジア難民に支援を行う中、日本政府は当初、経済的な支援に止め、人的な支援を行わなかったが、人的支援を求める声が大きくなり、また経済援助に止めている政府の対応に対する批判が日本国内から出された[7]。この動きを受け、日本政府は1979年12月に医療チームの派遣を決定し、国際緊急援助活動に初めて人員を派遣したのである[8]。

　カンボジア難民支援に対する初動の遅れは、日本政府に派遣体制の必要性を

6　外務省情報文化局『インドシナ難民と日本』外務省情報文化局、1981年、17‐18頁。
7　亜難対「インドシナ難民問題の現状と今後」1979年4月9日、外務省情報公開開示文書（2014-00238）。
8　アジア局、経済協力局「カンボディア難民救援活動」1979年11月30日、外務省情報公開開示文書（2014-00238）。

認識させることになった。こうした認識の下で1981年3月から関係各省庁（文部省、厚生省、労働省）や関係団体（日本救急医学会、日本医師会、日本赤十字社）との協議が開始され、この構想は同年12月に関係団体との暫定合意に達した[9]。1982年3月5日に櫻内義雄外務大臣が閣議において、JMTDR設立を発言することで結実した[10]。

JMTDRは地震等の大規模災害の発生に備え、国際救急医療活動に協力してくれる医療関係者を事前登録し、災害が発生した後、医療チームを現地に派遣するという制度であった。JMTDRは外務省と国際協力事業団（現・国際協力機構）が上記関係団体の協力によって運営されることになった。JMTDRの設立により、医療支援の即応体制が構築され、1984年のエチオピア干ばつ被害からこの制度に基づき、医療支援チームが派遣されたのである。

日本は医療支援という形で国際緊急援助に対する人的支援を行うこととなったが、日本が実際に国際緊急援助活動を行っていく中で救助チームや災害の専門家などの総合的な支援が必要との意見が強まった。そのきっかけが1985年に発生したメキシコ地震とコロンビア噴火であった。

1985年9月19日にメキシコ中部、首都メキシコシティから350km離れたアカプルコ沖の太平洋を震源とするマグニチュード8.1の地震が発生した。この地震にはメキシコ中央部と西部、特にメキシコシティを中心に死者8000人以上の大規模な被害をもたらした[11]。

メキシコ地震[12]に対し、日本政府は9月20日に国際救急医療調査チーム2名、同月25日には第2陣として4名の医療関係者を派遣した。日本政府は医療支援を行う一方で、9月22日に災害緊急援助として125万ドルの支援を表明し、メ

9　JMTDR設立の経緯については、経済協力局技術協力課「国際救急医療体制・閣議における「大臣発言」までの経緯」1985年12月13日、外務省情報公開開示文書（2013-00611）；和田章男『国際緊急援助最前線』国際協力出版会、1998年。

10　「国際救急医療体制の整備について（昭和57年3月5日閣議外務大臣発言要旨）」外務省情報公開開示文書（2013-00611）。

11　中南米第2課「メキシコ地震について」1985年10月25日、外務省情報公開開示文書（2014-00239）。

12　メキシコ地震に対する日本の対応については、中南米第2課「メキシコ地震に対する我が国援助状況」1985年10月28日、外務省情報公開開示文書（2014-00239）を参照。

キシコを訪問した安倍晋太郎外相とミゲル・デ・ラ・マドリ・ウルタード（Miguel de la Madrid Hurtado）大統領との会談において、災害復旧と経済再建のための5000万ドルの緊急融資と専門家の追加派遣、機材供与を発表した。医療支援、経済支援以外の支援として、石油精製施設の安全確認のための専門家チームと地震や通信の専門家からなる震災復旧専門家チーム、そして緊急時防災対策計画の整備のための専門家チームを派遣した[13]。メキシコ地震において、日本政府は医療支援、経済支援、そして専門家チームの派遣と多岐に渡る支援を行ったのである。

　2か月後の11月13日、コロンビア北部のネバド・デル・ルイス山で大規模な噴火が発生し、麓のアルメロ市（推定人口25000人）が壊滅し、少なくとも18000人の死者を出した[14]。コロンビア火山噴火[15]に対し、日本政府は15日に外務省内にタスクフォースを設置し、対策の検討を始めた。政府は同日中に国際救急医療チーム（8名）と翌日青年海外協力隊OBで土木や看護等の専門家4名を派遣した。この時、外務省は消防庁とも協議を行った上で、10名程度の救助隊派遣を準備していたが、コロンビア政府は物資援助を優先して欲しいとの意向を示したため、救助隊派遣は実現しなかった[16]。

　日本政府は人的支援を行う一方、16日に緊急災害援助として125万ドルの供与を決定し、18日に藤本芳男駐コロンビア日本大使が小切手でアウグスト・ラミレス・オカンポ（Augusto Ramírez Ocampo）外務大臣に手交した。同日、コロンビアで災害救援活動に当たっている国連災害救済調整官事務所に対して、5万ドルの拠出を決定している。その他の支援としては、12月末に土石流発生監視装置2台、翌年1月には車いす100台を供与するとともに、火山災害対策専門家7名を派遣している。

13　技術協力課「メキシコ地震に対する技術協力」1985年11月1日、外務省情報公開開示文書（2014-00239）。

14　藤本大使発外務大臣宛「ネバド・デル・ルイスのふん火（報告）」1985年11月15日、外務省情報公開開示文書（2014-00240）。

15　コロンビア火山噴火の対応については中南米第2課「コロンビア火山噴火に対する我が国援助状況」1985年11月26日、外務省情報公開記事文書（2013-00611）。

16　技術協力課「発言要領」1985年11月16日、外務省情報公開開示文書（2015-00039）。

日本政府は1985年にメキシコとコロンビアに国際救急医療チームを派遣し、それ以外にも資金援助を含めた広範な支援を行ったが、その支援はどのように報道されたのだろうか。駐メキシコ日本大使館は外務省に現地の報道についての電報を送っている[17]。この中では第2次調査団の派遣に伴い日本政府が送った30セットの救急医療セットの供与式がメキシコのテレビ、ラジオで多く報道されると共に現地主要紙に取り上げられたことを報道している。また、メキシコ地震の後、現地に派遣された援助関係者が業務報告書を残しているが、その中では医療チームの迅速な派遣についてメキシコ政府が高く評価すると共にメキシコの各新聞も評価していると報告している[18]。

　他方、コロンビア噴火に対する日本の支援については朝日新聞[19]、毎日新聞[20]共に迅速な対応であった旨を評価した上で日本の支援が医療支援に止まっていることを批判し、人命救助等の総合的な援助機構設置を促している。特に朝日新聞は日本政府の支援決定の早さは評価しているものの支援全体について、現地のニーズと合っていないことを批判し、メキシコ地震の教訓が生きていないと指摘している。

　日本の活動に対して、被災者は感謝の念を示していたが、日本政府のメキシコ地震とコロンビア噴火における対応は改善すべき点を残していた。援助関係者の業務報告書が残されているが、その中で日本の活動の反省点として特に問題視されたのは輸送体制と医療チーム派遣体制であった。

　まず、輸送体制の問題について、JMTDRは民間機を乗り継いで現地まで赴いた。しかし、メキシコ地震の報告会においては、民間機を乗り継いで被災地に赴いたのは日本チームだけであり、輸送手段を民間機に頼ることは即応性という意味で問題があると指摘されている[21]。コロンビア火山噴火支援について

17　内藤大使発外務大臣宛「国際救急医療第2次調査団の派遣（報道振り）」1985年9月28日、外務省情報公開開示文書（2014-00239）。
18　「メキシコ地震における救急医療援助及び調査」1985年9月30日、外務省情報公開開示文書（2014-00239）。
19　「検証 コロンビア噴火」『朝日新聞（夕刊）』1985年11月26日。
20　「国際災害へ救助隊設置」『毎日新聞』1985年11月29日。
21　同上。

も同様の問題が指摘されており、東南アジアで同様の事態が生じた場合には、ヘリコプターや救急車といった輸送手段の輸送も必要となるだろうと報告している[22]。

医療チーム派遣体制については人員と地震発生後の初動体制の問題が指摘されている。まず、人員の問題についてはJMTDRに登録している人数がそもそも少ないことが課題として残されているとの報告が行われた[23]。また、コロンビア火山噴火の報告会においては、登録者にスペイン語が堪能な人材が少ないことから、語学堪能な人材を活用する必要性が指摘された[24]。

次に初動体制について、メキシコ地震の際、日本政府は9月20日と25日に分けて医療チームを派遣した。しかしながら、2次隊の派遣は1次隊の動向を見ての判断だったため、救援活動に遅れが生じてしまったと指摘されている[25]。他方でコロンビア火山噴火については第1陣のみの派遣となっており、またメキシコ地震時を上回る人員が派遣された。このことから、コロンビア火山噴火救援に際しては、メキシコ地震の教訓が生かされたと言えよう。

問題点の指摘と同時に救助チーム派遣の必要性が報告書の中で取り上げられている。メキシコ地震においては、建物の倒壊による被災者の救助が重要であった。日本チームは医療支援のみ行ったが、各国の救助隊が倒壊した建物から生存者を助け出していた。こうした各国の活動を受け、日本の救助チーム派遣の重要性が提起されると共にメキシコシティの救助において活躍した救助犬の育成の必要性が指摘されている[26]。

22　経済協力局技術協力課医療班「JMTDRコロンビア火山災害派遣チーム報告会」1985年12月6日、外務省情報公開開示文書（2014-00240）。
23　「国際救急医療チーム（メキシコ大地震救援医療班第2陣）」1985年10月7日、外務省情報公開開示文書（2014-00239）。
24　経済協力局技術協力課医療班「JMTDRコロンビア火山災害派遣チーム報告会」1985年12月6日、外務省情報公開開示文書（2014-00240）。
25　「国際救急医療チーム（メキシコ大地震救援医療班2陣）」1985年10月15日、外務省情報公開開示文書（2014-00239）。
26　「メキシコ地震における救急医療援助及び調査」1985年9月30日、外務省情報公開開示文書（2014-00239）；「国際救急医療チーム（メキシコ大地震救援医療班第2陣）」1985年10月7日、外務省情報公開開示文書（2014-00239）；「国際救急医療チーム（メ

救助チーム派遣の必要性については、日本の議会においても指摘された。11月27日の衆議院外務委員会において、公明党の渡辺一郎議員がメキシコ地震におけるフランス隊の活動に触れた上で、救助隊の派遣はインパクトがあり、現地の被災者に立ち上がろうとする意欲を与えるのではないか指摘している[27]。この発言に対し、藤田公郎経済協力局長はメキシコ地震の活動がメキシコ側の評価を受けているが、救助隊に比べると医療チームは地味な活動であると認めている[28]。

　メキシコ地震で派遣されたJMTDRの運営委員会はこれらの意見を総合した上で、メキシコ地震における活動の総合的な評価を行っている[29]。そこでは、メキシコ地震における日本の活動は全体としてメキシコ側に評価されているものの、総合チーム派遣により、日本の活動がさらに評価されるであろうと結論付けられた。

　コロンビア火山噴火においては、メキシコ地震を踏まえ、メキシコ地震を上回る規模の人員の派遣に成功しており、メキシコ地震の反省が生かされたと言えよう。しかしながら、輸送手段や総合チーム派遣を巡る問題は依然として残されていた。これらのことから、メキシコ地震及びコロンビア火山噴火における日本の緊急援助活動では、様々な問題点が明らかとなり、後の緊急援助隊につながる総合チーム派遣体制の必要性が認識されたと言えよう。

3. 国際緊急援助体制強化と特別法制定

　メキシコ地震、コロンビア噴火を受け、外務省は、経済協力局技術協力課が中心となり、検討を開始した。外務省は関係各省庁の了承を得た上で、閣議報告・請願等の形により、年内に総合的な国際救助体制を構築することを目指し

キシコ大地震救援医療班2陣）」1985年10月15日、外務省情報公開開示文書（2014-00239）。
27　第103回国会衆議院外務委員会2号（1985年11月27日）。
28　同上。
29　経済協力局技術協力課医療班「対メキシコ派遣JMTDR調査団報告会（昭和60年10月7日）」1985年10月7日、外務省情報公開開示文書（2014-00239）。

ていた[30]。

　他方、先述の通り、議会においても、11月27日の衆議院外務委員会において公明党の渡辺一郎議員が救助隊発足を求める発言を行った[31]。この発言に対し、安倍外相は全面的に賛意を表明し、構想について研究を行いたいと前向きな姿勢を示した[32]。

　12月12日に経済協力局主催で関係省庁（警察庁、消防庁等）各省会議が行われ、各省庁は国際救助隊設立に対しては前向きな姿勢を示した[33]。27日の閣議において、安倍外務大臣が国際緊急援助体制の強化を打ち出す大臣発言を行い、自治大臣、国家公安委員長、運輸大臣はこれに対する協力姿勢を取る旨、発言した[34]。

　日本政府は国際緊急援助体制の強化を打ち出したが、当初予定していた閣議としての意思決定を示す閣議決定や閣議了解ではなく、各大臣の政策方針を示す大臣発言だった。大臣発言に至る経緯は如何なるものだったのだろうか。

　関係省庁の中で消防庁は閣議了解を主張していた[35]。消防庁は国際救助隊の派遣は地方公共団体の協力が必要であるが、国が協力を要請する根拠として、政府全体としての明確な意思決定が必要と考えたため、閣議了解を求めたのである。しかし、閣議了解には内閣法制局が反対した。内閣法制局は地方公共団体職員の海外派遣等について法律上問題がないことを短期間に回答することは不可能であるとし、閣議了解は困難との見解を示していた[36]。そのため、閣議

30　「国際緊急援助隊（仮称）に関する各省会議について」1985年12月12日、外務省情報公開開示文書（2013-00611）。

31　「外務省提出の法案・条約に対する各党の姿勢」作成年月日不明、外務省情報公開開示文書（2013-00611）。

32　同上。

33　同上。

34　「国際緊急援助体制の整備について（昭和60年12月27日閣議外務大臣発言要旨）」1985年12月18日、外務省情報公開開示文書（2013-00613）。

35　「国際救助体制の整備について閣議了解が必要な理由」作成年月日不明、外務省情報公開開示文書（2013-00613）。

36　「国際緊急援助隊外務大臣閣議発言までの経緯」作成年月日不明、外務省情報公開開示文書（2013-00613）。

了解ではなく政策方針を示す大臣発言となったのである。

　大臣発言において、安倍外相は①外務省に「国際緊急援助タスク・フォース」を設け、関係省庁との連絡、調整を行うこと、②国際救急医療チームの拡充と国際救助隊及び災害復旧の専門家の派遣体制を整え、それらを「国際緊急援助隊」と総称することとした[37]。

　タスクフォースの座長は大臣官房総務課長とし、経済協力局技術協力課長が事務局長となり、事務局は技術協力課内に設けることとなった[38]。タスクフォースにはその他、人事課長、会計課長、政策課長、条約課長、法規課長、国連政策課長、機能強化対策室長が参加した[39]。この中で中心となったのは、大臣官房総務課及び経済協力局技術協力課で課長、首席事務官、そして2名ほどの事務官が参加しており、他課（例えば条約局条約課）からは一名程度の参加となっている[40]。国際救助体制強化について、当初より技術協力課が中心となって取りまとめを行っていたため、その体制を引き継いだのである。

　タスクフォースにおいては、特別法制定にかかわる事項（事務分担、進捗状況の報告等）につき、審議を行うこととし、意思決定を行う場合には、別途主管局部に決裁を得なければならないことが決定された[41]。このことから、特別法策定は従来通り技術協力課が中心となって作業に当たり、タスクフォースにおける議論を経て、技術協力課の範囲外の事務について各部局の協力を仰ぎながら、問題点の洗い出しが図られたのである。

　国際緊急援助体制の強化の中心は外務省だったが、内閣官房の介入が全くなかったという訳ではない。内閣官房が介入したのは、国際緊急援助体制強化を如何に行うのか、すなわち特別法を制定するか否かという問題についてであった。

37　大臣官房総務課「国際救助隊タスク・フォースの設置について」1986年3月4日、外務省情報公開開示文書（2013-00613）。

38　同上。

39　同上。

40　「国際緊急援助隊特別法の骨子（案）の作成方針」1986年8月15日、外務省情報公開開示文書（2013-00613）。

41　同上

国際緊急援助体制強化を巡っては、現行法による対応、法改正、特別法の制定という選択肢があったが、結局は国際緊急援助隊の派遣に関する法律という特別法を制定することになった。何故、特別法制定という形を取ることになったのであろうか。

　まず、現行法による対処には問題があった。消防や警察職員は地方公共団体の職員であるため、地方公共団体の職員が国の要請により国際救助隊に参加する場合には、明文規定が必要であるが、現行法には規定がないため、出張命令により国際救助隊に参加することは出来ず、国際救助隊への参加は休職等によりJICAの専門家としての委嘱を受けた場合に限るとの見解を内閣法制局は示していた[42]。他方、海上保安庁については、運輸省設置法に運輸省が国際協力に関する事務を所掌事務とする旨、明記されていたことから、海上保安庁職員が国際救助隊に参加することは可能であると回答していた[43]。

　外務省は当初、内閣法制局が合法としたJICAへの委嘱という形で法改正なしの実現をする方針だった[44]。しかし、消防庁、警察庁は公務出張でなければ、①部隊全員の参加を確保出来ない、②（殉職の際の2階級特進、災害補償等の）身分保障を得られない、③士気の低下を招くとして休職等による参加は受け入れられないと回答していた[45]。そのため、消防庁は消防組織法の改正を希望し、警察庁は外務省が主導し、特別立法が必要であると主張していた。消防庁、警察庁共に内閣法制局が現行法で可能としていた休職方式に強い反対を示したのである。

　以上の意見を受け、外務省は現行法による対処を断念し、消防組織法、警察法の改正が必要との方針に転換した。消防組織法の改正が行われるとしても、

42　同上。

43　運輸省「国際緊急援助隊の派遣に伴う法律の制定に伴う運輸省組織令改正の要否について（案）」（昭和62年9月）、海上保安庁情報公開開示文書（保総政第176号）、海上保安庁「国際緊急援助隊の派遣に伴う法律の附則で海上保安庁法の1部改正を行う必要性について」（昭和62年3月3日）、海上保安庁情報公開開示文書（保総政第176号）。

44　「国際救助隊発足に伴う法改正について」作成年月日不明、外務省情報公開開示文書（2013-00613）。

45　同上。

①外交一元化の観点から案文について慎重に対応、②国際協力事業団を通じての派遣というメカニズムを損なわないこと、③法改正が今国会で成立しない場合には暫定措置として、JICA専門家派遣方式による国際救助隊の派遣を可能とするよう両庁と協議を行うとの方針を堅持する意向であった[46]。

当初、外務省は大規模災害に対する総合チーム派遣に対しては現行法の改正による解決を模索していた。その理由として、まず特別法制定には各省の折衝が必要であり、折衝に時間がかかってしまうおそれがあること、次に自衛隊参加問題がクローズアップされかねず、法案通過を困難にするおそれがあるというものであった[47]。

まず、各省折衝の問題について、外務省が特に問題としていたのは現場指揮を巡る問題と国際協力事業団法改正についてであった[48]。現場の指揮監督権について、国内においても消防庁と警察庁の権限争いに決着がついておらず、処理が困難となる可能性があった。次に事業団法に関する問題であるが、事業団法は予算関連法案であり、既に予算関連法案の登録は終わっているため、大蔵省の了解を得られない可能性が高かった。

外務省が特別法制定の第2の障害と考えたのは自衛隊参加問題だった。外務省は社会党の動向について海外派兵に道を開くという「的外れ」な意見から反対するだろうと予測しており、場合によっては長期間審議に持ち込むか、もしくは将来の自衛隊派遣を封じるために与党・政府から一筆取り付けることを要求することもあり得るとして警戒していた[49]。外務省は自衛隊参加問題が審議の長期化を招き、それが法制定に影響を及ぼすことを懸念したのである。

法改正による国際救助体制構築が図られようとしていたが、この方針も一変することとなる。それは内閣官房、特に後藤田官房長官の介入が原因だった。2月21日に柳谷謙介外務次官が後藤田正晴官房長官にブリーフィングを行った際、後藤田長官は特別法作成を指示し、法改正による決着に待ったをかけた

---

46 同上。
47 経済協力局技術協力課「国際救助隊の発足に伴う法改正について（対処方針案）」1986年2月15日、外務省情報公開開示文書（2013-00611）。
48 同上。
49 同上。

のである[50]。それでは、何故後藤田は特別法制定を指示したのだろうか。後藤田や藤森昭一官房副長官は、国際協力は国の事業として行うのだから、各省庁がバラバラの体制を作ることは好ましくない。そのため、一括法、すなわち特別法を制定すべきという考えだった[51]。

翌日に総理官邸で開かれた藤森官房副長官主催の4省庁会議（外務省、警察庁、消防庁、海上保安庁）において、藤森官房副長官は以上の見解を示した上で、一括法制定を指示し、警察庁もこの意見に同意した[52]。これに対して、海上保安庁は現行法のままで要員を派遣出来るとの見解を内閣法制局が出しているものの、総合的な体制づくりは必要であるとして、賛意を示した[53]。外務省は関係各省庁の協力に謝意を示し、外務省が主導するのならば、特別法を制定するということには異存はないとの見解を示した[54]。

特別法制定に異論を表明したのは消防庁だった。この時、消防庁は理由を3点挙げ、特別法制定に反対した[55]。まず、法改正はあくまでも地方自治体の消防が参加出来る根拠作りをするのみに止めたい。次に既に消防組織法改正に向けて動いており、4月の早い段階で法改正が実現する見込みであり、4月11日には東京湾において皇太子殿下視察の下、消防機関の合同訓練を行う予定で準備を進めている。そして国際救助隊派遣については、出来ることから行うというのが基本にあった。

以上の理由から消防庁は特別法に反対したが、警察庁や藤森副長官は警察や消防がバラバラに体制を作ることはまずいとの意見が出された[56]。この問題は24日に関根則之消防庁長官が後藤田官房長官と会談した際にも討議されたが、この時も決着はつかなかった[57]。しかし、消防庁としてもこのまま抵抗を続け

50　経済協力局技術協力課長「国際救助隊に係わる法改正問題（メモ）」1986年2月22日、外務省情報公開開示文書（2013-00613）。

51　同上。

52　同上。

53　同上。

54　同上。

55　同上。

56　同上。

57　「国際緊急援助隊発足に伴う法改正」1986年2月24日、外務省情報公開開示文書

ることが望ましいと考えていた訳ではなかった。後藤田官房長官との会談後、消防庁次長から藤田公郎経済協力局長に対して法改正についての連絡があった[58]。これによると消防庁としては、22日の各省庁会議と後藤田官房長官との会談の結果、一括法を制定する方針を受け入れざるを得ない。その上で、法案提出時期と規定振り、すなわち特別法に消防組織法改正に伴う案文をそのまま盛り込むかどうかについての外務省見解を確認した上で自治大臣の決裁を得て、特別法制定に異議がないと回答するというものだった。加えて、法制定までの暫定措置として消防職員がJICA専門家として救助隊に参加することは「彼らが命がけで行うことを考えると消防としては困る」という見解を示していた[59]。

消防庁の確認に対して、藤田局長は①法案の今国会提出は無理だが、比較的早い時期に提出したい、②規定振りについては関係各省庁の要望を聞き、満足の行く規定振りとしたい、③一括法が出来るまでの措置については外務省が責任を持つとの回答を行った[60]。内閣、特に後藤田官房長官による調整の結果、特別法を制定することが決定したのである。

こうして、国際緊急援助体制を特別法により強化することが決定したが、特別法制定においては外務省が中心となることに変わりはなかった。この後、外務省を中心として、国際緊急援助隊法策定に向けた動きが進み、いくつかの論点についての議論が行われた。その中でも大きな問題となった自衛隊参加問題だった。

自衛隊参加問題について、外務省は当初から慎重な対応を取っていた。外務省が自衛隊参加に慎重だった理由として、当時の政治状況の影響を指摘しておく必要があろう。当時、売上税審議が国際緊急援助隊法にも影響しており、共産党を除く野党各党に国際緊急援助隊法の趣旨説明を共同で行っていたものの、各党の同法に対する見解は分かれていたと外務省が分析していた[61]。各党の反

(2013-00613)。

58　同上。
59　同上。
60　同上。
61　「外務省提出の法案・条約に対する各党の姿勢」外務省情報公開開示文書（2013-00611）。

応についての外務省の見解を紹介すると、民社党は自衛隊参加を主張していたが、自衛隊参加がなくとも法案に対しては賛成、公明党は同法が60年11月の国会答弁から出発したという経緯から賛成の立場を取ると考えていた[62]。一方で、外務省は社会党の動向について海外派兵に道を開くという「的外れ」な意見から反対と結論付けていたものの、長期間審議、もしくは将来の自衛隊派遣を封じるために与党・政府から一筆取り付けることを要求することもあり得るとして警戒していた[63]。

外務省は、自衛隊参加なしでも国際緊急援助隊結成は可能であること、自衛隊の海外派遣については国民の反対が予想されること、そして自衛隊参加の余地を残すことで法案に対する野党の反対を招き、法案自体が頓挫するおそれがあるため、自衛隊参加は個人参加を含めて、如何なる形であれ認めない方針を採った[64]。

外務省は自衛隊参加を否定する方針となったが、他方で将来の可能性をも否定している訳ではなかった。特に条約局はPKO派遣問題と国際緊急援助活動の関連から、将来的な可能性を否定すべきでないとの立場を取っていた。

条約局の見解によると、PKOは停戦監視や紛争の鎮静化が目的であり、災害緊急援助とは関係がないため、援助隊がPKOに参加することはない[65]。とはいえ、PKO参加を明確に否定することに対しては懐疑的だった。例えば、当時の小和田恆条約局長は「何が何でも出すべき」という意味ではないと断った上で、国連PKOの中でも直接武力紛争に関わらないものもあり、国際機関等の要請があった際には何らかの支援を行う余地を残す努力をする必要があるのではないかというコメントを附記している[66]。以上の点から、当時の外務省で

---

62 同上。

63 同上。

64 「国際緊急援助隊派遣法案における自衛隊の取扱い」(昭和62[1987]年2月24日)、外務省情報公開開示文書(2013-00613)。

65 「国際緊急援助隊の派遣に関する法律案(想定問答:抜粋)」外務省情報公開開示文書(2013-00611)。

66 「条約局長のコメント」(昭和61[1986]年6月7日)、外務省情報公開開示文書(2013-00611)。

はPKO参加を否定したものの、将来的な参加の余地を残すべきと考えていたことが伺える。

　自衛隊参加問題に関する外務省内の議論と並行して関係各省の折衝が行われた。特別法制定においては各省庁と外務省の間に覚書を交わし、当初方針を確認することが行われた。

　旧自治省及び消防庁は外務省に対して、①派遣職員は消防及び警察職員に限ること、②財政負担は国際協力事業団が行うこと、③職員の増加の無い範囲で行うこと[67]、④当該地方公共団体の消防機関が行うこと[68]を要請した。特に第4点は、別組織にした場合、救助活動に支障をきたすおそれがあるため、消防庁だけでなく警察庁も抵抗していた[69]。結局、この点については消防庁や警察庁の意向に沿った形で決着した。

　国際緊急援助隊法の審議自体は自衛隊参加が法案に盛り込まれていなかったことから、自衛隊参加に対する疑念と法案の趣旨に対する質問が出たのみで法案自体に反対する動きは見られなかった。結果的に8月19日の衆議院外務委員会において、これまでの議論を踏まえた上で「国際緊急援助隊の派遣に関する法律案に対する附帯決議[70]」が付された上で法案は全会一致で可決され[71]、翌

67　自治省「国際緊急援助隊の派遣に関する法律案骨子に対する意見」(昭和61［1986］年8月14日)、総務省情報公開開示文書(総財調第29号、平成25［2013］年11月29日)。

68　「地方公共団体の消防機関の職員が行う国際緊急援助隊としての救助活動が当該地方公共団体の消防機関の事務でなければならない理由」総務省情報公開開示文書(総財調第29号、平成25［2013］年11月29日)。

69　「国際救助隊発足に伴う法改正について」作成年月日不明、外務省情報公開開示文書(2013-00613)。

70　附帯決議の内容は①国際緊急援助活動の効率的実施を確保するため、その実施体制の一層の整備充実に努めること、②海外における緊急援助活動にあたっては、全体の調整を保ち、統一ある活動に留意し、最大限の効果を上げること、③国際緊急援助活動にあたる参加者の生命、身体の安全の確保はもとより、国、地方、民間を問わず、補償等につき十分配慮すること、④国際緊急援助活動に関して講じた措置については、随時、当委員会に報告することというものである(第109回国会衆議院外務委員会2号(1987年8月19日)。

71　第109回国会衆議院外務委員会2号(1987年8月19日)。

20日に衆議院本会議を通過した[72]。同月25日に参議院外務委員会においても同法案は全会一致で可決され[73]、翌26日には参議院本会議において、全会一致で法案を可決した[74]。こうして、国際緊急援助隊法は国会を通過し、9月16日に施行された。日本は従来の医療チームに加えて、救助隊を派遣することとなり、国際緊急援助活動の強化が図られたのである。

4. 国際緊急援助隊法改正と自衛隊参加

　国際緊急援助隊法成立の5年後、法律が改正され、国際緊急援助隊に自衛隊参加が認められた。そのきっかけとなったのが、湾岸戦争後の1991年4月26日に開始されたペルシャ湾掃海艇派遣[75]であった。湾岸戦争後、海上自衛隊の掃海部隊がペルシャ湾に派遣され、1人の犠牲者を出すことなく、無事に活動を終了することに成功した。ペルシャ湾掃海艇派遣の成功は、それまで自衛隊派遣に慎重だった政策決定者の認識を変えた。当時の海部首相は湾岸危機勃発当初から自衛隊海外派遣には消極的な姿勢を取り続けていた。しかし、ペルシャ湾掃海艇派遣が無事に終了し、世論が自衛隊派遣容認へと変化する中で、海部首相自身も自衛隊派遣拡大を容認するようになった[76]。

　ペルシャ湾掃海艇派遣が世論や政策決定者の認識に変化を与えたとはいえ、派遣に反対する者が居なくなった訳ではない。後述のように社会党や共産党は自衛隊派遣に反対姿勢を取り続けていた。また、後藤田正晴等、自衛隊派遣に慎重姿勢を取り続ける者も居た。

　しかし、これら野党の影響力は、庄司貴由が指摘するようにペルシャ湾掃海

72　第109回国会衆議院本会議10号（1987年8月20日）。
73　第109回国会参議院外務委員会2号（1987年8月25日）。
74　第109回国会参議院本会議7号（1987年8月26日）。
75　ペルシャ湾掃海艇派遣については、加藤博章「自衛隊海外派遣と人的貢献策の模索——ペルシャ湾掃海艇派遣を中心に」『戦略研究』第17号（2015年12月）、「ナショナリズムと自衛隊——一九八七年・九一年の掃海艇派遣問題を中心に」『国際政治』第170号（2012年10月）を参照。
76　石原信雄『官邸2688日——政策決定の舞台裏』日本放送出版協会、1995年、65頁、『朝日新聞』1991年5月24日。

艇派遣の後、世論が自衛隊派遣容認を拡大させると衰えていった[77]。また、自衛隊派遣に慎重姿勢を取り続ける人々も自衛隊派遣への反対を正面から言わなくなっていた[78]。ペルシャ湾掃海艇派遣は自衛隊海外派遣拡大への道を開くこととなったのである。

　ペルシャ湾掃海艇派遣後、自衛隊が任務を拡大したのはPKO参加と国際緊急援助活動への自衛隊参加であった。PKO参加問題については廃案となった国連平和協力法を改訂した上で、国際連合平和維持活動等に対する協力に関する法律（PKO法）[79]を上程した。PKO法案と同時並行して、国際緊急援助隊の自衛隊参加を盛り込んだ国際緊急援助隊法の改正案が議論された。

　1991年4月26日の衆議院安全保障特別委員会において、公明党の山口那津男議員が平時に国際貢献を行う自衛隊とは別の組織の創設を提案したところ、中山太郎外務大臣は別組織創設については、管理運営の問題があるとした上で、自衛隊法改正、もしくは国際緊急援助隊法の改正について議論する必要があると答えた[80]。

　4か月後の8月7日の衆議院本会議において、海部俊樹総理大臣が所信表明演説の中で国際緊急援助隊法改正の検討を行っていると言及している[81]。7月5日に外務省内で経済協力局技術協力課、大臣官房総務課、北米局安全保障課、及び国際連合局国連政策課の担当官が集まり、国際緊急援助隊法を改正し、自

77　庄司貴由『自衛隊海外派遣と日本外交──冷戦後における人的貢献の模索』日本経済評論社、2015年、104頁。

78　政策研究大学院大学C.O.E.オーラル・政策研究プロジェクト（以下GRIPS）『栗山尚一（元駐米大使）オーラル・ヒストリー：湾岸戦争と日本外交』政策研究大学院大学、2005年、116頁。

79　PKO法の成立過程については、田中明彦「国連平和活動と日本」（西原正、セリグ・ハリソン編『国連PKOと日米安保──新しい日米協力のあり方』亜紀書房、1995年）、斎藤直樹「国連平和維持活動への我が国の参加問題」（『平成国際大学論集』第7号、2003年3月）、湾岸危機によるPKO法の変容については、村上友章『国連平和維持活動と戦後日本外交1946-1993』（博士論文、神戸大学、2004年、200-203頁）、庄司『自衛隊海外派遣と日本外交』（101-107頁）を参照。

80　第120回国会衆議院安全保障特別委員会6号（1991年4月26日）。

81　第120回国会衆議院本会議2号（1991年8月7日）。

衛隊を参加させる方針が確認された[82]。そして、7月22日には防衛庁より防衛庁案の提示及び外務省案に対する回答が作成され[83]、7月24日に防衛庁と外務省の意見交換が行われている[84]。以上のことから、4月以降から外務省は自衛隊を国際緊急援助隊に参加させる方針を固め、そして法改正に向けて動き出していたと言えよう。

　法改正を行う上で、日本政府としてはまず、自衛隊参加の必要性を明確にする必要があった。1987年の国際緊急援助隊法制定にあたり、自衛隊参加の可能性が議論された。この時、外務省は自衛隊参加なしでも国際緊急援助隊結成は可能であること、自衛隊の海外派遣については国民の反対が予想されること、そして自衛隊参加の余地を残すことで法案に対する野党の反対を招き、法案自体が頓挫するおそれがあるため、自衛隊参加は個人参加を含めて、如何なる形であれ認めない方針を採った[85]。

　また、国際緊急援助において、諸外国は必ずしも軍隊を派遣している訳ではなかった。外務省経済協力局は主要国の国際緊急援助態勢と大規模災害における軍隊の参加状況をについて、メキシコ地震（1985年9月）、コロンビア火山噴火（1985年11月）、アルメニア地震（1988年12月）、イラン・カスピ海沿岸地震（1990年6月）、そして、フィリピン地震（1990年7月）に際する米・英・仏・独・スイス等の国々の国際緊急援助活動への参加状況を調査した[86]。この中で経済協力局は一般的傾向として、国際緊急援助活動への軍隊の参加が少ないこと、援助要員や物資の輸送については軍隊の輸送手段が用いられていることを

82　技術協力課「自衛隊の国際緊急援助隊への参加問題について」1991年7月8日、外務省情報公開開示文書（2013-00615）。
83　防衛庁「国際緊急援助隊法等の改正案（外務省案）について」1991年7月22日、外務省情報公開開示文書（2013-00615）。
84　「自衛隊の国際緊急援助隊への参加問題（防衛庁との意見交換）」1991年7月25日、外務省情報公開開示文書（2013-00615）。
85　「国際緊急援助隊派遣法案における自衛隊の取扱い」（昭和62［1987］年2月24日）、外務省情報公開開示文書（2013-00613）。
86　技術協力課「主要国の国際緊急援助活動における軍隊等の使用」作成年月日不明、外務省情報公開開示文書（2013-00615）。

指摘している[87]。例えば、米国はカスピ海沿岸地震以外の災害に救助要員を派遣しているが、その全ての事例に軍隊の参加が認められる。しかし、軍隊の参加が顕著なのは米国のみであり、英国などの国々はNGOが参加しており、軍隊の参加は輸送機の使用といった少数に限られている。これは当該国との外交関係が影響していると思われる。例えば、イランのような英仏と外交的に対立している国では軍の派遣は認められなかった。また、メキシコ地震の際にフランスは輸送機の使用をメキシコ側が拒否したため、民間機を使用している。軍隊の使用による不都合を回避するために非軍事手段が用いられたと見るべきだろう。

　91年に国際緊急援助隊への自衛隊派遣が検討された際には、米国を別として、軍隊の国際緊急援助活動への参加は各国ともに限定的であったが、それでもなお外務省が自衛隊参加を必要と考えた理由は如何なるものだったのであろうか。外務省は、これまでの活動を踏まえ、①輸送手段の改善（迅速な被災地入りを可能とする輸送手段の確保、車両等重機類の輸送手段の確保）、②救助隊自体の大規模化の必要性から、自衛隊参加が必要と述べている[88]。外務省は、自衛隊参加が可能となった政治状況の変化以外にも、国際緊急援助隊の実効性を高めるという意味から、自衛隊参加を求めたのである。

　他方、防衛庁は国際緊急援助活動に対する自衛隊の能力についての検討を行った。まず、輸送能力について航空自衛隊のC-130H型輸送機、海上自衛隊のみうら型、あつみ型、ゆら型の輸送艦を用いることにより、海外への長距離輸送が可能であると指摘している[89]。その上で、1991年4月末に発生したバングラデッシュにおける風水害を対象に具体的な検討を行っていることを明らかにしている。この中で、医療活動、空輸活動、給水活動の3つの状況を想定した検討を行っている。それらの派遣規模は、医療活動（医官約20名を含む180名）、空輸活動（中型ヘリコプター［UH-1H］10機及び約260名）、給水

87　同上。

88　国際緊急援助隊法律等の一部改正について」作成年月日不明、外務省情報公開開示文書（2013-00615）。

89　外務省経済協力局「国際緊急援助隊法改正重要擬問擬答集」（平成3［1991］年11月11日）、外務省情報公開開示文書（2013-00615）、41-1頁。

活動（約100名）となっている[90]。この検討により、自衛隊は医療と輸送の面で相応の能力を有していることが明らかとなった、

　国際緊急援助隊に自衛隊が参加すると仮定した場合、防衛庁は如何なる派遣体制を想定していたのだろうか。まず、派遣日程については、48時間以内の先遣隊派遣、長官命令発令後5日以内の主力部隊派遣と当該部隊の2週間以内の到着、そして救助活動期間として2週間を想定している[91]。次に派遣先としては、アジア及び大洋州の発展途上国を想定しており[92]、日本から近い距離での派遣を想定していたことが伺える。最後に指揮命令系統については、派遣部隊を長官直轄としている[93]。

　自衛隊が国際緊急援助隊に参加する場合、自衛隊派遣が海外派兵にあたるとの批判を野党から受ける可能性が高かった。法改正にあたって、防衛庁は国際緊急援助活動が海外派兵にあたるとの野党からの指摘に答えるための回答を用意していた。この中で、防衛局防衛課、防衛局運用課、長官官房法務課は海外派兵を「武力行使の目的をもって武装した部隊を他国の領土、領海、領空に派遣すること」とした上で、法改正の目的が「国際緊急援助活動に自衛隊の能力を活用しうるようにすることによって、海外における自然災害を中心とする大規模な災害に対するわが国の国際緊急援助体制の一層の整備を図ること」であるため、武力行使ではないと結論付けていた[94]。

　武力行使の問題を巡っては、防衛局防衛課、防衛局運用課、長官官房法務課が検討を行い、武器の使用が必要と認められる場合は派遣を行わない方針であることから[95]、法律に武器不携行を明示する必要はないとの見解を示している[96]。

90　同上、41-2頁。

91　陸上幕僚監部「陸上自衛隊国際緊急援助隊派遣基本計画」防衛省情報公開開示文書（本本B931）、1頁。

92　同上、1頁。

93　同上、1頁。

94　「国際連合平和維持活動等に対する協力に関する法律案及び国際緊急援助隊の派遣に関する法律の一部を改正する法律案関係想定問答　平成3［1991］年9月」防衛省情報公開開示文書（本本B934）、40頁。

95　同上、42頁。

96　同上、45頁。

しかし、公海上においては艦船等を防護する必要があると認める相当の理由がある場合には、自衛隊法第95条に基づき、武器の使用を可能としている[97]。

他方、輸送の際に輸送手段に装着もしくは搭載されている武器は取り外す必要はないこと、国際緊急活動において武器を道具として使用する場合には携行することはあり得るとする[98]。しかしながら、武器を道具として使用する場合として如何なる状況が想定されているのかについては明記されていない。いずれにせよ、防衛庁としては自衛隊の国際緊急援助活動への参加はあくまでも救助任務であり、武器を使用する場合は派遣を差し控えるとして、法改正に臨むこととなったのである。

こうした議論を経て、9月5日[99]と18日に行われた自民党政調外交・合同会議において、与党への説明を行い[100]、9月6日に官房長官への説明[101]、19日に次官会議、安全保障会議、そして閣議における了承を得た上で[102]、9月24日に衆議院で法案の趣旨説明が行われた[103]。国際緊急援助隊法に対して、自衛隊参加問題以外の議論は行われなかったものの、PKO法と同時に上程されたため、PKO法審議の影響を受けることになった。国会ではPKO法成立までに、衆議院で90時間弱、参議院で約100時間以上と約190時間に及ぶ激しい国会論戦が繰り広げられた[104]。この間、社会党は海外派兵との関連から法案に反対し、

97　同上、43頁。

98　同上、42-42-2頁。

99　経済協力局技術協力課「自民党外交・国防合同会議における国際緊急援助隊改正に関する論議」1991年9月5日、外務省情報公開開示文書（2013-00615）。

100　経済協力局「自民党政調外交・国防関係合同会議における鈴木政務次官御発言」1991年9月18日、外務省情報公開開示文書（2013-00615）。

101　「国際緊急援助隊法改正（官房長官への説明）」1991年9月6日、外務省情報公開開示文書（2013-00615）。

102　「国際緊急援助隊の派遣に関する法律の一部を改正する法律案の国会提出について」1991年9月16日、外務省情報公開開示文書（2013-00615）。

103　第121回国会衆議院議員運営委員会11号（1991年9月24日）。

104　外務省編『平成4年版 外交青書―わが外交の近況 第36号』大蔵省印刷局、1992年、54頁。

共産党は武力行使等の側面から法案を批判し、法案への抵抗を続けた[105]。

国際緊急援助隊法案はPKO法案審議の影響を受けて第121回国会会期中には成立せずに、継続審議となり、結局1992年6月15日に改正が実現した。こうして、PKOと国際緊急援助隊にも自衛隊が参加し、自衛隊海外派遣がその範囲を拡大したのである。

5. おわりに

国際緊急援助隊発足以前、海外で大規模災害が発生した場合、日本政府は経済援助や医療チームの派遣によって、救援活動支援を行った。1985年9月のメキシコ地震、同年11月のコロンビア火山噴火等の災害救援活動をきっかけに、救助活動を含む広範な活動に参加すべきという意見が政府内や日本のメディアから出てきた。こうした問題意識の中で国際緊急援助活動に対する総合的救援体制確立の動きが始まったのである。

新たな国際緊急援助体制取りまとめの中心となったのは外務省だった。外務省を中心として、国際緊急援助活動に対する人的支援構想が策定され、内閣官房や関係各省庁との調整を経て、1987年に国際緊急援助隊法が成立し、国際緊急援助隊が発足した。

それではこの法案は外務省主導で作成されたと言えるのであろうか。大筋においては外務省主導で作成されたと言えよう。国会における安倍外相の答弁以前から、外務省は国際緊急援助活動の拡大を模索していた。メキシコ地震、コロンビア火山噴火を踏まえ、活動拡大の機会が訪れたことから、外務省はこの機会を捉えて、国際緊急援助活動の拡大へと乗り出す。そして、法案は外務省、特に経済協力局技術協力課の主導によって作成されていた。この意味において、国際緊急援助隊法は外務省主導によって、立案されたと言える。

とはいえ、緊急援助活動拡大の過程全てが外務省主導だった訳ではない。内閣、特に後藤田官房長官や他省庁の意向を反映した部分も存在する。例えば、そもそも特別法制定については当初から外務省は法制定を想定していたものの、消防庁との間での主導権争いが生じていた。それを収拾したのが後藤田官房

105　斎藤「国連平和維持活動への我が国の参加問題」、149頁。

長官だった。後藤田は外務省が主導し、一括した法律を制定することによって、日本政府が一体となって国際緊急援助活動に当たる体制を、作ろうとしたのである。

　また、緊急援助隊員の身分やその編成については、警察庁や消防庁の意向が大きく働いていた。外務省は緊急援助隊員をJICAへの出向とし、既存の指揮命令系統ではない方式での派遣を構想していた。しかし、消防庁や警察庁は士気の低下や活動を非効率なものとするおそれがあるとして、これに反対した。結局、外務省は両庁の意向を受け入れ、既存の部隊としての指揮命令系統を維持することになったのである。

　以上のように、国際緊急援助隊法は大筋においては、外務省が主導したものの、所々で内閣や各省庁の意向が働いていたと言える。すなわち、この法律は外務省主導によって形成され、日本政府が一体となって法律の制定に当たった事例と言えよう。

　国際緊急援助隊法審議において、外務省が最も神経をとがらせたのが自衛隊参加問題であった。国際緊急援助に対して、自衛隊参加が望ましいものの、当時の政治状況を考え、自衛隊参加の是非が法案審議に影響を及ぼす可能性が高かった。自衛隊参加問題を国会で議論することによる法案審議への悪影響を懸念したのである。

　同時に外務省は法案審議において、将来の自衛隊派遣の可能性を閉ざすことを懸念していた。外務省は平和維持活動を始め、将来的な自衛隊派遣の可能性を模索していた。そのため、国際緊急援助隊法の審議で野党から将来の自衛隊派遣の可能性を問われた場合に政府側が将来的な自衛隊派遣の可能性に触れることは外務省にとっては絶対に避けなければならない問題だった。

　また、国際緊急援助隊の輸送手段や援助隊要員は自衛隊以外の機関（警察や消防等）でも調達可能であった。そのため、自衛隊参加問題については、将来の可能性を残したままで、問題に触れないように細心の注意を払ったのである。以上の議論を経て、1987年9月16日に法案は施行され、日本政府は国際緊急援助活動に本格的に関与することとなったのである。

　湾岸危機以降、世論は自衛隊海外派遣に対する理解を示す動きが強くなっていたが、ペルシャ湾掃海艇派遣はその動きを拡大させた。これまで日本政府は自衛隊海外派遣に対する世論の反対を警戒し、自衛隊派遣を議論することを避

〈第4章〉非軍事手段による人的支援の模索と戦後日本外交——国際緊急援助隊を中心に

けていた。しかし、ペルシャ湾掃海艇派遣実現により、世論の自衛隊海外派遣容認論が拡大すると、政策決定当事者も自衛隊海外派遣拡大へと動いたのである。

　ペルシャ湾掃海艇派遣実現後、政府はPKOと国際緊急援助活動への自衛隊参加を模索するようになった。どちらもこれまで政府が自衛隊参加を検討しながらも、当時の政治状況や自衛隊派遣の政治問題化を恐れて、自衛隊参加が実現しなかった分野であった。しかし、これらの分野における自衛隊派遣については検討が行われており、政治決断さえあれば派遣に向けた立法化を行うことは十分可能だった。ペルシャ湾掃海艇派遣の実現はこの動きを後押ししたのである。

　しかし、世論が自衛隊派遣を容認したとはいえ、野党、特に社会党や共産党は自衛隊派遣を武力行使であるとして、自衛隊派遣拡大に抵抗していた。それが表れたのがPKO法審議過程だった。両党は牛歩戦術をはじめとして、国会において法制定に抵抗し続けたのである。

　他方、国際緊急援助活動に対する自衛隊参加は87年の国際緊急援助隊法制定時点でも検討されたが、法律には盛り込まれず、将来の検討課題とされていた。法制定後、日本は海外での災害に救助隊を派遣していた。しかしながら、救助隊は警察や消防が中心であり、また輸送手段は民間機が専らであったため、救助隊の規模拡大と派遣迅速化のためには自衛隊による派遣が必要とされた。外務省が国際緊急援助隊への自衛隊参加を求めた背景にはペルシャ湾掃海艇派遣の成功による国内環境の変化とともに国際緊急援助隊の現状を改善するという目的があったと言えよう。

　国際緊急援助隊への自衛隊参加にあたって、自衛隊派遣が武力行使にあたるのではないかという野党の警戒心を和らげる必要があった。これに対して、外務省や防衛庁は救助隊はあくまでも災害救助が目的であり、武力行使には当たらないこと、武力行使が必要な場合は派遣を差し控えるとして、法改正に臨むこととなった。

　ペルシャ湾掃海艇派遣が実現したとはいえ、自衛隊が海外で武力行使を行うことについては依然として警戒が強かった。そのため、PKO法制定や国際緊急援助隊法改正において、政府は武力行使ではないと繰り返し答弁し、その疑いを払しょくする必要があった。自衛隊派遣が実現した後も、憲法9条は変わ

99

らずに自衛隊派遣に対する制約として残されていたのである。

　　【付記】本稿は、平成27-28年度科学研究費補助金特別研究員奨励費（課題番号15J02529）の成果の一部である。

〈第5章〉
東アジアの安全保障における日本の役割[1]

徳地秀士[2]

1. はじめに

　2015年は我が国の安全保障政策上、多くの事柄が達成されたという意味で実りのある年であった。新「日米防衛協力のための指針」や安全保障法制により、日本の安全保障の制度的枠組みが大きく整備された。また、日韓関係の改善の動きや戦後70年談話なども日本の安全保障強化のために大きな意義をもつものであった。これらを単なる一過性のイヴェントに終わらせることなく、今年以降のモメンタムを維持・強化していかなければならない。

　そのようなところに、2016年に入って北朝鮮による核実験発表や弾道ミサイルの発射があり、また、トルコやインドネシアでテロがあり、改めて国際テロや大量破壊兵器の拡散といった非伝統的な安全保障の問題に焦点が当たっている。しかしながら、東アジアの安全保障環境はこうした非伝統的ないわゆるポストモダンの脅威だけでなく、より多くの要素が絡み合う困難かつ複雑なものとなっている。

　本稿では、第一に東アジアの安全保障環境を概観したあと、第二にこの地域の秩序形成について述べ、第三に以上を踏まえて日本の課題について若干述べてみることとしたい。

---

[1]　本稿は、2016年2月12日、名古屋大学グローバルメディア研究センター設立記念シンポジウム「グローバル社会と日本：戦後70年を越えて」における英語講演の内容を日本語に翻訳して加筆・修正したものである。
[2]　政策研究大学院大学政策研究院シニア・フェロー、上智大学国際関係研究所客員所員、前防衛審議官。本稿は筆者の個人的な認識に基づく個人的な見解を述べたものである。

2. 東アジアの安全保障環境

　東アジアは世界の成長の原動力となっている。今やこのことは国際的に共有された認識である。1月初めに訪日した英国のフィリップ・ハモンド外相は、最近の論説の中で、「世界は、幾つかの混乱の原因と共に2016年に入る。……しかし、我々は次の二つのことについては確信できる。すなわち、アジア太平洋地域は世界の成長を牽引する中心的な原動力であり、また、我々はアジアの世紀に生きている」と述べている[3]。中国の台頭だけではなく、東南アジアの成長も大きく寄与している。日本経済も回復しつつある。1947年の時点でジョージ・F・ケナンは、「これらの地域（引用者注：西独と日本）はそれぞれ西と東の二大工業地帯の中心であり、その回復は欧州と東アジアの安定の回復にとってきわめて重要である」と考え、また、「日本は、世界の政治的な発展の潜在的な要素として中国よりも重要である」とも考えていた。彼は、「米国は、中国が常に米国の世論に対して影響を及ぼしているように見える奇妙な魅力の下で、中国の真の重要性を過大評価し、日本のそれを過小評価する傾向がある」とも書いている[4]。ケナンによれば、世界の産業力の中心は米英ソ日独の5か国であり、戦争に負けた日独はそこに入っていたが、中国はそこに入っていなかった。しかしながら、その後70年たって、世界は大きく変化した。

　また、東南アジアの経済成長は「北の先進国と南の途上国」というかつての図式を覆すものである。東アジアはかつて冷戦時代においては、朝鮮戦争、ベトナム戦争といった熱戦の場であったが、今や大きな武力紛争が見られないという意味で、他の地域に比べれば比較的安定していると見られている。こうした安定が今日の繁栄の基礎となっていることは疑いようもない。

　しかしながら、この地域の平和と安定はとても脆弱な基礎の上に立っている。

3　Philip Hammond, "Opinion: Britain in partnership with a secure and prosperous Asia," *The Mainichi*, January 7, 2016（mainichi.jp/english/articles/20160107/p2g/00m/0in/086000c）

4　George F. Kennan, *Memoirs 1925-1950*（New York: Pantheon Books,1967）pp.368-374.

第一に、この地域の脅威の性質は非常に複雑である。世界の他の地域と同様にグローバリゼイションの波の中でポストモダンの脅威にさらされている。1月14日にジャカルタで発生したテロについては、「中東を中心とするイスラム過激派組織「イスラム国」の脅威が東南アジアなどに拡大していることを示した」と指摘されている[5]。「過激派組織が拠点を置くフィリピンやマレーシア、タイなどでも今後、同様のテロが起きる可能性がある。インドネシアから「イスラム国」本拠地のシリアにわたった若者らは少なくとも500人。東南アジア全体では1000人以上といわれる」とも指摘されている[6]。他方で、主権国家同士の領土を巡る対立など近代的な要因による不安定もある。南シナ海における南沙諸島の領有権を巡る争いはその典型例である。また、この地域も前近代的な脅威から免れているわけではない。国際テロはポストモダンの非伝統的な安全保障課題であると言われているが、ISILの脅威はそれにとどまらない。奴隷制の復活などは前近代的な残虐行為ととらえられている[7]。さらに言えば、地震や台風などの大規模自然災害の脅威も忘れることができない。戦争災害であろうと、テロ被害であろうと、自然災害であろうと、人の命が危険にさらされるという意味では同じである。

　そして、これらの要素が複雑に絡み合ってこの地域の安全保障環境を形成している。例えば、中国はサイバー空間や宇宙空間などのポストモダンな空間を利用しつつ、その自由な利用を自ら阻害しようとしている。中国の人民解放軍や情報機関、治安機関が諸外国の政府機関や軍隊などの情報通信ネットワークに対するサイバー攻撃に関与しているとの指摘があるが、それにとどまらず、2006年以降、中国人民解放軍所属部隊が米国をはじめとする企業にサイバー攻撃を行っているとの指摘も有名である[8]。また、中国が2007年に行った衛星破壊実験は、宇宙にスペースデブリを大量に発生させ、各国の人工衛星などの宇宙資産に対する脅威となった[9]。また、中国は海外との海上交通に多くを依

5　『読売新聞』2016年1月16日、9頁。
6　注5の記事に引用されている竹田いさみ教授のインタビュー。
7　『平成27年版 防衛白書』101頁。
8　同上、128〜129頁。
9　同上、124頁。

存していながら、公海という国際公共財の自由な活用を妨げる動きをしている。南シナ海での大規模な埋め立てに伴う中国の主張や「九段線」の主張、東シナ海での「防空識別圏」の宣言はその典型例である。

　第二に、欧州と違って、包括的な安全保障の仕組みが成立していない。欧州には米国と欧州27か国からなるNATOが強化・拡大されて、冷戦終結後に欧州の中央に生じた力の空白を埋め、さらに国際テロなどの多様な安全保障課題に取り組んでいる。NATOによって形成された欧州秩序の上に今日の欧州の安定と繁栄があり、今や欧州諸国28か国はEUの枠組みの下で共通外交・安全保障政策と共通安全保障・防衛政策を確立し、安全保障分野における共通の取り組みを強化している[10]。

　他方、東アジア、或いはアジア太平洋地域の安全保障は米国を中心とする二国間同盟関係の集積、すなわち米国を中心とするハブ・アンド・スポークスの仕組みを基礎としている。日米安保条約に基づく日米同盟関係は、その中の最も重要な要素であり、さらに、米豪、米韓、米比の同盟関係や米シンガポールなどの友好協力関係もその重要な一部を構成している。今や日豪の防衛協力の進展に代表されるように、ハブ・アンド・スポークスのスポークの先同士の協力の強化が動き出している。米国もそのような動きを歓迎している。しかしながら、このような連携は未成熟である。また、米国という超大国との二国間同盟は、そもそも国力の非対称性の故にマネージメントが困難である。しかも、このハブ・アンド・スポークスのシステムはこの地域の経済の最も大きな要素である中国を含むものとなっていない。すなわち、白石隆教授の言葉を借りれば、東アジアの地域システムには安全保障システムと通商システムとの間に構造的緊張があるということになる[11]。

　第三に、第二の点に関連して、安全保障面における中心的な存在である米国が地理的に遠くに位置しているということを指摘せざるを得ない。アジア太平洋地域の一員ではあっても東アジアの一員ではない。いかに軍事技術が発展し、無人化、情報化が進み、長距離の戦力投射能力が向上しても、「距離の専

10　同上、90〜92頁。
11　白石隆『海洋アジアvs.大陸アジア──日本の国家戦略を考える』(ミネルヴァ書房、2016年) 126〜127頁。

制」(tyranny of distance) は政治的のみならず軍事的な問題として存在し続ける。南シナ海と米第三艦隊の本拠地サンディエゴとの距離は6700マイルであり、南シナ海と東京の距離の約4倍であり、南シナ海と沖縄の距離の7倍近く、船で2～3週間かかる。太平洋軍の本拠地であるハワイでさえ5000マイル、船で10～13日かかる[12]。米軍の物理的プレゼンスを平時からこの地域に確保しておくことは将来にわたって必要である。

3. この地域の秩序形成

　次に、この地域の秩序形成について別の角度から述べてみたい。この地域の特徴の一つは多様性である。民族、言語、宗教、経済、文化、歴史など多くの面において多様である。この多様性の故に、包括的な安全保障の仕組みを確立することに困難が伴うのも事実であるが、他方で、多様性は活力と繁栄の基礎でもある。多様性を尊重しながら安定的な秩序を構築していく試みがこの地域においては欠かせない。

　国際秩序の基礎をなすものは力の均衡であり、価値の共有であり、共通のルールの確認であり、そのルールを実効的ならしめる制度の存在であろう。いずれが欠けても安定的で継続的な秩序はできない。細谷雄一教授によれば、力の均衡は重要な要素であるが、単純な軍事力のバランスのみで成り立つものではなく、一定限度の価値の共有や文化のつながりが不可欠であり、制度化された枠組みも必要である[13]。ゴードン・A・クレイグとアレクサンダー・L・ジョージによれば、「1814年及び1815年にウィーンに集った人々が交渉した勢力均衡のシステムは、1814年のショーモン条約と1815年の4国同盟の上に欧州の連合体 (a European federation) 或いは欧州の協調 (concert of Europe) を形成した。この秩序は、制度及び制度の監視役─すなわち勢力均衡とそれを監視する勢力協調 (a concert of powers) を与えられていたと言われてい

12　Dakota L. Wood, ed., *2016 INDEX OF U.S. Military Strength – Assessing America's Ability to Provide for the Common Defense* (Washington DC: The Heritage Foundation, 2015) p.121.
13　細谷雄一『国際秩序──18世紀ヨーロッパから21世紀アジアへ』(中央公論新社、2012年)。特に同書14～17頁及び38頁。

る[14]」。19世紀前半の欧州と21世紀の東アジアを単純に比較することはできないが、秩序を形成するのは人である以上、単なる力の均衡だけで秩序ができるわけでないことは当然であろう。

　以上を前提とした上で、まずこの地域の力の均衡について述べてみたい。ここでは南シナ海の状況と東シナ海の状況を比較して要点のみ述べることとしたい。南シナ海において中国は力の空白を突いてその全域に進出を図ってきた。1950年代にフランス軍がインドシナから撤退すると西沙諸島の半分を占拠し、1970年代に米軍がベトナムから撤退すると南ベトナムを撃退して西沙諸島全域を支配し、1980年代に旧ソ連がベトナムにおける軍事プレゼンスを縮小すると南沙諸島に進出し、さらに1990年代初めに米軍がフィリピンから撤退するとミスチーフ礁を占拠するといった事象が見られた。さらに、2000年代に入り中国は南シナ海南部への進出を強めている。多数の岩礁において埋め立てなどの開発活動を急速かつ大規模に推進するとともに、岩礁に接近する多国漁船に対して威嚇射撃や放水などにより妨害する事案も発生している[15]。東シナ海においても中国は公海における航行の自由や公海上空における飛行の自由の原則に反する活動を行っている。

　いずれの海域においても中国は、自国の権利を一方的に主張し、力による現状変更を試みているが、一般的に言って中国は東シナ海よりも南シナ海においてより激しい行動をとっている。それはなぜか。東シナ海と南シナ海の大きな違いの一つはパワーバランスである。東南アジア各国は経済成長を背景に国防費を増額し、海空軍力を中心に軍の近代化や海上法執行能力の強化を進めているが、その多くの国において軍事力は弱小である。例えば、南シナ海で中国との深刻な対立を抱えるフィリピンについてみれば、空軍は極めて弱小で、戦闘機は何年も前になくなっており、一番新しい海軍艦船といえば米海兵隊の2隻

14　Gordon A. Craig and Alexander L. George, *Force and Statecraft – Diplomatic Problems of Our Time* (Oxford University Press, 1983) p.31.
15　防衛省『南シナ海における中国の活動』1頁。(www.mod.go.jp/j/approach/surround/pdf/ch_d-act_20151222.pdf)
『平成27年版 防衛白書』46頁及び119頁。

の退役巡視船（cutters）である[16]。これに対して北東アジアにおいては、日本の自衛隊と海上保安庁が相当の能力を有しており、また、韓国は北朝鮮の脅威だけでなく未来の潜在的な脅威にも対応する全方位国防態勢を確立するとして、近年では海空軍を中心とした近代化に務めている[17]。それだけでなく、アジア太平洋正面にある米軍の兵力約13.6万人[18]のうち約3.8万人が日本に駐留し[19]、約2.85万人が韓国に駐留している[20]。他方、東南アジアには米軍の恒常的な駐留は存在しない。このような力関係の相違が中国の行動の違いとなって現れているとみることが可能である。ここでの教訓は、力の空白をつくってはならないということである。

　次に価値の共有について述べてみたい。第一に東アジアの多くの国において今や民主主義が根づき、東南アジアを例にとれば、自由と民主主義、法の支配の原則の下でコミュニティ形成が進んでいる。ASEAN共同体ヴィジョン2025によれば、ASEAN政治安全保障共同体（APSC）は、諸民族が民主主義、善き統治及び法の支配の原則に従って、公正かつ民主的で調和がとれ、かつジェンダーに配慮した環境の中で、人権と基本的な自由を享受するとともに繁栄することを保証する包括的でリスポンシブな共同体を実現するとしている。その上に立ってASEANは、菊池努教授の言葉を借りれば、ASEAN諸国が直面する地域共通の安全保障上の課題に共通して取り組む体制を強化することで加盟諸国間の信頼を醸成し、ASEANの結束を高めようとしている[21]。

　国際秩序に関する共通のルールは明確である。国連憲章に定められた紛争の平和的解決の原則、国連海洋法条約に定められた公海の自由の原則——これらはいずれも一般国際法の法典化である。国連海洋法条約に加入しているか否かに関係なく、いかなる国にも適用される普遍的なルールである。

16　Dakota L. Wood, *op. cit.*, p.120.
17　『平成27年版 防衛白書』29〜30頁。
18　同上、14頁。
19　国Dakota L. Wood, *op. cit.*, p.113.
20　Dakota L. Wood, *op. cit.* p.114.
21　菊池努「大国政治の変動と東南アジア ASEAN政治安全保障共同体の狙いと課題」『国際問題』第646号（2015年11月）8頁。

4. 日本の課題

　以上を踏まえて、日本にとっての今後の課題について私見を述べてみたい。ルールを基盤とする国際秩序（rules-based international order）を東アジアにおいていかに実現し継続していくかは日本自身の問題であり、より積極的な対応が求められている。以下に5点述べることとする。

　第一に、地域諸国の国内の安定を実現することは、民主主義の基礎として必要不可欠である。また、とりわけ東南アジア諸国が南シナ海における海洋安全保障問題により真剣に取り組むことができるためにも、国内の安定は不可欠である。その観点からは、例えばフィリピンにおけるミンダナオ和平プロセスの促進は重要である。地域諸国の国内安定のための日本の貢献としては、ODAを活用して社会全体を豊かにするとともに経済格差を是正し、また、法執行能力の強化を図ることは、特に重要である。

　第二に、米国を中心とする同盟関係のネットワークを強化することも重要である。このネットワークの最も重要な要素は間違いなく日米同盟であり、まず日米安保体制がより強化されなければならない。日米安保体制は、東アジアにおける米軍の安定的プレゼンスの基礎として今後も重要な役割を果たし続けるべきである。昨年4月に合意された新「日米防衛協力のための指針」は、昨年9月に成立した日本の安保法制とあいまって日米安保体制の強化のための大きな推進力となるものである。こうした新たな政策は、緊急時における在日米軍の円滑な運用のための有益な基礎を提供し、それは同盟の抑止力を高めることとなる。このような努力に反対する人々は、こうした動きは中国を封じ込めるためのものだろうと言うかもしれないが、それは誤った考え方である。中国をして国際社会の確立された規範に従うようにさせるためにも日米同盟は強くあらねばならないが、中国は冷戦時代のソ連と異なり不倶戴天の敵（a sworn adversary）といったものではないからである[22]。今日のグローバリゼイションとはそういうものである。実際、新「指針」や安保法制の内容を見れば、中

22　Mira Rapp Hooper, "Uncharted Waters: Extended Deterrence and Maritime Disputes," *The Washington Quarterly*（Spring 2015）, p.128.

国との競争的（competitive）な要素よりも例えば国連平和維持活動や非戦闘員退避活動などの分野において中国との協力的（cooperative）な要素の方が多いことに気づくであろう。

　米国を中心とする同盟関係のネットワークを強化するためには、ハブ・アンド・スポークスのスポークの先にある米国の同盟国同士の協力の強化も重要である。日豪の安全保障面での協力は急速に深まりつつあるが、日韓の安全保障面での協力も強化していかなければならない。日韓両国は東アジアにおいて米軍のプレゼンスを共に支える立場にある。また、両国は北朝鮮問題だけでなく海洋安全保障やサイバーセキュリティなど多くの分野で共通の利害を有しており、昨年の両国間の関係改善の動きを今後につなげていくことが必要である。さらに、日本と東南アジア諸国との安全保障面での関係の強化も重要である。南シナ海における海洋安全保障は緊急の課題である。東南アジア諸国の中でもフィリピンやベトナムなど南シナ海の沿岸国に対する能力構築支援は欠かせないが、同時にASEANの結束を強化すべく支援していくことも重要であり、沿岸国以外のASEANメンバーに対する働きかけも必要である。海洋安全保障だけでなく、災害救援能力の強化も当然のことながら重要な課題であり、日本はこのような人道的な課題についても大きく貢献できる。

　第二点に関連して第三に、強い同盟は、同盟国の国力が強くあってこそ成り立つものであり[23]、この地域における米国の同盟諸国、とくに日本の国力の強化が必要である。厳しさを増す国際安全保障環境の中で日本の領土・領海・領空を守り抜くために防衛力を強化する継続的な努力は欠かせない。軍事力には軍事力にしかできない非代替的な役割があるからである。しかも、軍事力は一朝一夕には確立できないからである。しかし、ここでいう国力とは、軍事力だけでもなければ経済力だけでもない。日本が全体として国際社会において魅力ある国にならなければならない。文化的発信も重要である。もちろん、強いア

23　日米共同研究プロジェクト「新段階の日米同盟のグランド・デザイン」研究会『日米共同レポート 新段階の日米同盟のグランド・デザイン ―「スマート・パワー時代」における自由で開かれたルール基盤の国際秩序の守護者として―』（日本国際フォーラム、2015年6月）7頁。

メリカも同様に必要である[24]。「衰退するアメリカと台頭する中国」という型にはまったものの見方をすると、ともすれば米国の復元力（resilience）を忘れがちになるが、米国の強さの源泉となっている生来の復元力を忘れてはいけない。それは米国にフロンティアがあった時代の話だという人もいるかもしれないが、米国のフロンティアは消滅していない。サイバー空間や宇宙空間は彼らにとって新たなフロンティアである。

　第四に、東アジアの安全保障環境とその課題について、東アジア諸国と欧州諸国との間で認識の共有を図ることも必要である。このことは、今日のようにグローバリゼイションが進んだ世界においては当然のことである。本年1月に東京で開かれたいわゆる日英「2＋2」はそのための一つの重要な機会となったと考える。また、本年三重県で開催された伊勢志摩サミットは、日米欧加の首脳レベルでこうした問題について認識の共有を図る上でも貴重な場となったと考える。国際秩序の基礎をなすルールは共通だからである。ウクライナにおけるロシアの行動が批判されるべきであるのと同様、東アジアにおける中国の行動も、力による現状の一方的変更であるとして批判されなければならない。ロシアの行動も中国の行動も、ルールを基盤とする国際秩序に対する重大な挑戦であり断じて容認してはならないものである。ロシアは中国の行動に対する各国の対応を注意深く見ているのではないか。

　第五に、グローバリゼイションの進んだ世界で日本がいかなる貢献ができるか積極的に発信をしていくことが必要である。そのためには、何よりもまず安全保障政策に関する国内のコンセンサスづくりが必要である。そのために、正確な情報に基づく深い議論を行うことができる知的環境の整備が必要であろう。また、国際的な広い視野と豊かな人間性を養うことも必要となる。

　その意味で、国際的な情報流通が飛躍的に拡大している今日の世界におけるメディアの在り方について研究を進められている名古屋大学グローバルメディア研究センターのような存在は極めて重要であり、この種の学術研究の更なる発展が期待される。

24　同上、15頁。

第3部

国際社会の対日観

■〈第6章〉
不安要因から特別な戦略的パートナーへ
──オーストラリアの対日認識の変容

ニック・ビズリー

　オーストラリアは1788年にヨーロッパ人が同地に入植してきて以来、自国が根本的に脅かされていると感じさせられた事件は唯一、第二次世界大戦中にダーウィンとシドニー港で受けた日本による攻撃だけであった。オーストラリア人捕虜は第二次世界大戦中、東南アジアにおいて日本軍からひどい扱いを受けた。その有様は、オーストラリア人作家、リチャード・フラナガンが『奥の細道』[1]と題する、英ブッカー賞受賞小説に鮮明に描かれている。

　日本という、冷酷で意を決した仇敵から受けた現実の脅威の経験から、冷戦初期の段階では、少なくともオーストラリアでは日本に対し次のような感情を持っていた。すなわち、日本軍国主義の再来に対する恐怖が、共産主義に対する恐れを上回っていたとは言わないまでも、それと同じ程度ほど存在していたのである。日本に再度オーストラリア本土を攻撃されるかもしれないという恐怖感こそが、米国との同盟関係の構築へ向かった最大の理由であった。

　2013年9月に就任したトニー・アボット首相は就任当初、外交政策に関して、オーストラリアにとって日本は「アジアにおける最も親密な友好国」[2]であると述べた。この発言は、ブルネイで開催された東アジア首脳会議（EAS）の際

1　Richard Flanagan, *The Narrow Road to the Deep North,* London: Chatto & Windus, 2014.
2　Mark Kenny, Tony Abbot says Japan is Australia's 'closest friend in Asia', *The Sydney Morning Herald,* October 9, 2013. <http://www.smh.com.au/federal-politics/political-news/tony-abbott-says-japan-is-australias-closest-friend-in-asia-20131009-2v8ty.html> 2016年3月7日閲覧。

に行われた、安倍晋三首相との日豪首脳会談の場でのものである。

　この発言は当然のことながら、シンガポールから韓国まで広がるアジアにおけるオーストラリアのすべての友好国から、失言だとみなされた。中国は言わずもがなである。この発言が知れ渡ったことにより、アボット首相は恥ずかしい思いをすることになった。こうした注意深さに欠ける言葉使いは、発言内容の精査を受けることにまだ慣れていない新政権の外交的な未経験さを反映していたが、新首相の発言に通底する感情は本質的に正しかった。

　中国の台頭にもかかわらず、日本はオーストラリアにとって第二位の貿易相手国である。日本は、非常に急速に米国に次ぐ最も重要な安全保障上のパートナーとなった。オーストラリアの官僚は折に触れて、日豪関係がアジアにおいて最重要かつ最も恒久的な関係であると述べている。両国関係の深さと強靭さは、70年前に日本がオーストラリアにどれほどの恐怖を与え、日本人がオーストラリア人にどれほど嫌悪されていたかを考えると、非常に驚かされる。

　本章では、日本に対するオーストラリアの認識の変化を検証する。そうした変化は、現在ある日本・オーストラリア間関係の隆盛をもたらした。両国関係の中でもとりわけ安全保障政策に重点を置きたい。これは、紙幅の制約によることもあるが、この分野における両国間の協力関係の力強さと同政策分野の重要性もその理由となっている。さらに日本に対する認識の変化の背景に何があるのかについても言及する。結論では、アメリカの同盟国である両国の間で現在、正式に使われるようになった「特別な戦略的パートナーシップ」の出現が広い意味でもたらす結果について簡単に検討したい。

1. 不安要因からフクシマへ

　第二次世界大戦直後、オーストラリアは自国が極めて厳しい国際環境にいるという事実に直面した。同国の建国者で保護者でもある英国から距離的に離れているために、長い間、対外的に脆弱であると感じてきていた。1945年時点のオーストラリアは豊かで、人口密度が低い白人の国であり、人種的に排他的な移民政策を採用していた。オーストラリアが位置するアジアは、同国の視点から見れば、人口密度が高くて貧しく、危険で不安定な地域であった。

　オーストラリアの不安の源は複層的だった。長い間帝国主義に支配されてき

た人々にとって共産主義がアピールを持つことは明らかであり、いくつものかつての帝国が徐々に崩壊しつつあった戦後の国際社会において、共産主義イデオロギーは朝鮮半島からインドネシアに至るアジアの中で、政治力を持つようになっていった。しかし、このイデオロギーがはっきりと地政学的な重要性を持つようになったのは、中国共産党の1949年の成功とそれに続く朝鮮戦争以降である。オーストラリアが位置するアジアが、冷戦における第二の前線となったからである。

　欧州の列強は第二次世界大戦によって致命的なまでに弱体化され、これによりアジアでは数多くの紛争が勃発した。これらの紛争は様々で、インドシナ半島で起きたような、大規模かつ非常に激しい戦争もあれば、インドネシアとマレーシアの対決のようなそれほど激しくない紛争もあった。これらの紛争の範囲や頻度、オーストラリアへの近接度を鑑みて、多くのオーストラリア人は自国が位置するアジアには戦争がつきものだと考えるようになった。1970年代に入っても、オーストラリア人にとっては、東南アジアはアジアのバルカン半島を意味していた。つまり、小規模な国々が恒常的に戦争状態にある地域という意味である。と同時に、欧州のバルカン半島がそうであるように、大国間の外交や競合の関係が展開する場所という意味でもある。

　共産主義の台頭と紛争の勃発は、オーストラリアが自国の安全保障を考える上で不安要因の中で大きな割合を占めていたものの、それは同国が気がかりに思う唯一の理由ではなかった。もう一つの主要な不安要因となっていたのは、日本だった。オーストラリアの立場からすると、日本はかつて富国強兵に大成功した旧軍事大国であり、オーストラリアを直接的に脅かした国だったのである。オーストラリアは、他のいかなる国にもこのような形で恐怖に陥れられたことがなかったのである（これは今日でもそうである）。

　より重要だった点は、日本はドイツとは全く違う方法で敗戦国となったとオーストラリアで受け止められていたことである。すなわち、日本の敗戦は、日本軍が占領した国々から武力で押し戻されたことによるのではなく、原爆投下によってもたらされた、とオーストラリアでは受け止められていた。このため、多くのオーストラリア人は、日本が帝国主義に走るきっかけとなった軍国主義はいとも簡単に再興しうる、と信じていた。

　しかし、難しい状況にあったのは、オーストラリアの直接的な地政学的環境

だけではなかった。オーストラリアは英国のそれとは別の、同国独自の外交政策を展開しようと模索しはじめたばかりだったため、その機能的な限界を切実に自覚していた。戦前まではオーストラリアには独自の外交はなく、オーストラリア政府の唯一の在外事務所は英国にあり、他国との外交関係はもっぱらロンドンで決定されていた。

　この最もわかりやすい例はガリポリへの海外派遣である。英自治領オーストラリア・ニュージーランド軍団（ANZAC）が1915年にガリポリまで航海した際には、日本帝国海軍の軍艦が護衛艦として使用された。1902年に締結された日英同盟により、英国を介して、日本とオーストラリアは同盟国だったからである。国際関係の観点からすると、オーストラリアは、第二次世界大戦までは文字通り大英帝国の一部であった。この関係で決定的だった特長は、英国がオーストラリアに対して侵略からの保護を提供することにあった。しかし、シンガポール陥落によって、この関係が持つ重大な脆弱性が明らかになり、オーストラリアは自国がいかに攻撃に弱いかを認識することになった。

　オーストラリアは、自国が身を置く国際環境が極めて不確実な状況にあることに気づかされた。外交において何の経験もないまま、また、外交政策関連の基本的なインフラストラクチャーもない状態で、そうした国際環境の中を渡っていかなければならなかった。同国の地政学的環境に由来する、こうした不安定さから自国を守る道を見つけるために、即座に行動しなければならなかった。このため、オーストラリアは米国に頼ったのである。米国は当初、オーストラリアと正式な同盟関係を結ぶことに躊躇していた。米国は、紛争に巻き込まれる可能性のあるような同盟のネットワークを形成したいとは思わなかったのである。従って、オーストラリアと米国の間の交渉は、今日想像するよりはるかに難しいものだった。この1951年に正式に成立した同盟が、現在もオーストラリアの国際関係の最も重要な基盤となっている。この後日本が同盟関係を結ぶことになる米国と、オーストラリアが同盟関係を結んだことが、以下に議論するように、今日見られるような緊密な戦略的関係の発展にとって決定的となったのである。

　日本とオーストラリアの正式な貿易関係は、第二次世界大戦終戦の12年後に確立された。しかし、1957年に通商協定が締結された後も、オーストラリアの日本に対する姿勢は、よく言って、ぎこちないものだった。日本

に対する世論は、オーストラリア人捕虜が強いられたひどい経験によってしっかりと固められていた。さらに、第二次世界大戦は10年以上前に起きた過去の事象となっていたとはいえ、安全保障政策担当者の間では、日本が平和主義を受諾したことに対して重大な疑念があった。先の大戦は、オーストラリアの日本観に多大な影響を及ぼし続けていた。

　日本との貿易関係を正式に再開して10年後、日本はオーストラリアの最も重要な貿易相手国となった（現在でも第二位の輸出相手国である）。終戦からおよそ四半世紀が経った頃、国民や政策担当者の第二次世界大戦に対する考え方は緩和されてきた。第一に、貿易や投資によって、かつての敵同士が共に過ごす機会が増えていった。日本は経済復興と急速な経済成長により、国際商品を大量に消費するようになり、そうした国際商品はオーストラリア経済の大きな部分を占めるものであった。一方で、オーストラリアでは戦後の好景気により、日本が輸出する製品への需要が高まっていた。

　そして、両国に共通する地政学的な軌道がオーストラリアの行動を変化させはじめたのである。この時期、日本とオーストラリアという米国の二つの同盟国は、米国が戦争勃発に際して形成した国際秩序の北と南の要として知られるようになっていた。これらの諸協定は、1951年にサンフランシスコで開かれた講和会議でその基盤が形成されて以降、サンフランシスコ体制として知られるようになる。オーストラリアからすれば、日本の平和憲法は正真正銘の公約であり、米国と日本・オーストラリア両国との同盟こそが、包括的な国際システムにおいて共通の利益を持っていたのである。1976年の日本・オーストラリア友好協力基本条約は、この両国関係をさらに改善し、現在両国間に存在する非常に高水準の人的交流の構築の基盤を提供した。オーストラリアの立場からすると、日本は同国の過去に別れを告げ、国際的により自由主義な展望を受け入れるための重要な一歩を踏み出したのである。

　オーストラリアは今日、アジアにおいて多くの国々と良好な外交関係を構築している。近年のオーストラリアの外交政策は、同地域における主要国すべてと強力な外交関係をうまく醸成することを特徴としており、現在のアジアにおける国際環境の複雑さを考えれば、これは至難の業である。しかし、こうした外交関係の中でも、日本とのパートナーシップは、オーストラリア外務省の言葉を借りれば「我が国にとって、最も緊密で最も成熟した関係であり、両国の

戦略的・経済的利益にとって根本的に重要である」[3]ということになる。

　この言葉はおそらく、東日本大震災に対してオーストラリアがとった対応に何よりも如実に表されているだろう。オーストラリア軍とそのC17機は、震災後初期の支援において重要な役割を果たしたし、ジュリア・ギラード首相は大震災後、被災地を公式訪問した最初の外国首脳となった。2011年は、1945年の終戦から長い道のりを経てきた。この間、単に長い時間が経ったというだけでなく、政策担当者と一般国民の考え方においても大きい変化があったのである。

2. 安全保障関係の変容

　日本・オーストラリア二国間関係においては、活発な経済関係や現在も拡大しつつある人的・文化的交流が重要なのはもちろんである。しかし、最も関心が高くかつ重要なのは、日本・オーストラリア間に急速に発展してきた、緊密な安全保障協力関係である。サンフランシスコ体制の二つの要となった両国は、冷戦期に相互に貿易関係を構築した。そして、冷戦期のみならず、その10年後も、両国は広範囲にわたって類似する安全保障秩序の中で過ごしてきた。

　両国はどちらも米国の同盟国であり、いずれも民主主義国家であり、いずれも米国を中心とした国際秩序において大きな役割を担っているが、安全保障上の利益をかなり違った意味で理解していた。2001年以降、日本とオーストラリアは極めて緊密なパートナーとなり、それはとりわけ2007年以降、その関係構築の速度が加速した。こうした関係進展の根底にあったのは、日本及び日本の行動に対する、また両国が置かれた国際環境に対する、オーストラリアにおける理解の変化であった。

　両国間の安全保障政策上の関係の変化は、日本の小泉純一郎首相とオーストラリアのジョン・ハワード首相が率いる両保守政権の間で始まった。1990年代末から2000年代半ばまで、両国の協力は効果的に機能していた。両国は、とりわけカンボジアと東ティモールにおける国連平和維持活動で相互に協力し

3　Department of Foreign Affairs and Trade, Japan Country Brief March 2016 <http://dfat.gov.au/geo/japan/pages/japan-country-brief.aspx>　2016年4月12日閲覧。

合い、2004年12月26日に起きたスマトラ島沖地震での津波被害に対する人道支援の提供においても効果的な協力が実現した。おそらく最も重要なのは、米国によるイラク侵攻に端を発する国連イラク支援ミッション（UNNAMI）が活動を開始したことに伴って、イラク南部においてオーストラリアと日本が緊密に協力した経験であろう。

　こうした経験を通じて、日本とオーストラリアの政策担当者は、両国が安全保障分野で協力できる方法を模索するようになった。しかしながら、これは、多国間協力を志向する二つの国が、平和維持活動や人道援助、災害支援を改善するために協力して活動しようというような、単なる技術的な試みというだけではなく、トップダウン式の新規の協力構想でもあったのである。

　小泉首相は、安全保障上の利益を押し進めるために、日本がより大きな能力を発揮できるようにしたいと考えていた。この志向は、初歩的な国家主義的衝動に由来するものではない。2000年代初頭の日本は、はるかに複雑で難しく、地政学的に全く異なる、いくつかの安全保障上の脅威に直面していて、変わりつつある世界において現状維持政策はあまり適切とは言えなかった。日本は、広範囲にわたる「新しい」非伝統的な安全保障上の脅威、つまりテロリズムに直面していただけでなく、感染病の発生や国境を超えた犯罪に加えて、中国の台頭と好戦的姿勢をとる北朝鮮といった、非常に現実的で伝統的な安全保障上の脅威の数々も復活してきていた。冷戦時代に形成された、限定的な防衛を主とする日本の安全保障政策は、小泉首相の考えによれば、急速に変化する安全保障環境の中では日本のニーズに合致していなかった。

　オーストラリア政府も、変化する安全保障環境に関して似たような見方をしていた。多くのアナリストが指摘するように、緊密な関係を発展させようという最初の行動のきっかけとなった主要な要因は、両国政府の安全保障政策に関する感覚や、安全保障に対する姿勢が驚くほど類似していたという事実にあった。

　とりわけ2001年9月の同時多発テロの勃発以降がそうである。オーストラリアは、安全保障上の利害から、より多くのことができるようにする必要があり、同じような考えを持つ国々とより協力を深めて活動できるようにする必要があると考えていた。そして、もちろん米国の意向も、両国政府の耳元に十分聞こえる大きさで囁かれていた。すなわち、米国の同盟国としての責任を果た

す意味で、米国の同盟国同士の間でも、より多くのことを担ってほしいと米国が考えていたのである。こうした背景により、「安全保障協力に関する日豪共同宣言」[4]が、2007年、ジョン・ハワード・オーストラリア首相と安倍晋三首相（第一期）との間で署名されることに繋がった。

　2007年の「安全保障協力に関する日豪共同宣言」は両国にとって、またより一般的には地域の安全保障環境にとって画期的な合意だった。これは、日本が1945年以来米国以外と締結した、防衛と安全保障の諸問題に関する初めての合意である。日本、ひいてはより広くアジアにおいて、これらの諸問題がいかに議論を巻き起こしたかを考えれば、このこと自体が注目すべきだといえよう。その結果、アナリストの分析には、この宣言の意義について、妥当と思われる程度を超えて高く評価する傾向が見られた。

　一部には、この宣言を同盟条約と同等視する分析すらあった。それは全くもって当たらない。それにもかかわらず、この画期的な合意は三つの全く別個の役割を果たした。まず、両国が既に実施してきた協力活動の種類を列挙し、国際的な合意文書の形で公式に署名することによって、同宣言は両国と他国に対して、安全保障協力をさらに推し進めるという両国の意思を明確に示した。

　次に、両国が自らの安全保障上の利益をどのように見ているかを簡潔に説明した。同宣言は、両国が脅威として捉える事象の種類について、そうした脅威と戦う際に両国の協力が果たす可能性のある役割について、両国が共通の言葉を用いて明確に言語化することを可能にした。同宣言の第一行で「日本国とオーストラリアとの間の戦略的パートナーシップが、民主主義という価値並びに人権、自由及び法の支配に対するコミットメント、共通の安全保障上の利益、相互への尊敬、信頼並びに深い友情関係に基づくこと」[5]を確認するとしているのは、修辞的に美辞麗句を並べただけではないのである。

　最後に、同宣言は、両国の安全保障分野の今後の発展のための実務上の外交的基盤を築いた。同宣言の主要な成果は、両国の外相・防衛相間の話という「ツープラスツー」の年次ベースでの対話の機会を創設したことにある。これ

4　日本外務省(2007)「安全保障協力に関する日豪共同宣言(仮訳)」平成19年3月13日。<http://www.mofa.go.jp/mofaj/area/australia/visit/0703_ks.html> 2016年3月7日閲覧。

5　「安全保障協力に関する日豪共同宣言（仮訳）」。

らの対話は、さらに両国間で署名されることになった三つの協定をもたらすメカニズムとなった。それらの協定は、情報セキュリティーや物品役務相互提供及び防衛技術供与に関連している。後者は、オーストラリアが日本の防衛機器・技術を獲得する最初の国になる可能性に道を開いた。こうした安全保障協力の積み重ねにより、両国は2014年に両国の関係を「特別な戦略的パートナーシップ」[6]に格上げする意思を表明した。これは同年4月のアボット首相訪日と同年7月の安倍首相訪豪という相互訪問の間に行われた。

　2014年という年はまた、長年にわたって交渉が続けられてきていた日・オーストラリア経済連携協定（JAEPA）[7]が署名された年でもある。同協定は、日本市場へのアクセスという観点では、関税撤廃の対象から除外された米や、関税の引き下げ率が要求より低い水準にとどまった牛肉など、いくつかの分野でオーストラリアの輸出業者の希望に沿わないものであった。しかし、オーストラリア政府は、経済的観点からは最適レベルに達しなかった同協定に署名する用意があった。というのも、同協定への署名が政治的な優先事項だと考えていたからである。育まれつつあった地政学上の戦略的パートナーシップの、経済的な側面を確固としたものにするという目的に突き動かされていたのである。

　強調したいのは、両国の安全保障分野での協力関係の拡大に着手し、さらに明確に加速させたのはオーストラリアの保守政権だったが、この間に政権を担ったケビン・ラッド首相及びジュリア・ギラード首相が率いた中道左派のオーストラリア労働党政権も、日本との安全保障協力の進展に同じくらい熱意をもって取り組んだということである。日本がオーストラリアにとって不可欠な安全保障上のパートナーであるという認識は党派を超えて共有されており、官僚組織の中で強力な支持がある。

　オーストラリアはなぜこれほど急速に、日本との緊密な安全保障上の協力関係を推し進めようとしてきたのか。こうした動きは、オーストラリア第一の貿

6　日本外務省（2014）「日豪首脳会談に関する共同プレス発表（日本語）」平成26年4月7日。<http://www.mofa.go.jp/mofaj/files/000034802.pdf> 2016年3月7日閲覧。

7　日本外務省（2014）「日・オーストラリア経済連携協定（和文テキスト）—経済上の連携に関する日本国とオーストラリアとの間の協定」平成26年9月30日。<http://www.mofa.go.jp/mofaj/ecm/ep/page22_001179.html> 2016年3月7日閲覧。

易相手国である中国との間で相当な関係悪化を生じさせるリスクがあることを考えれば疑問も残る。

　これには数多くの理由を挙げることができる。恐らくその中でも突出した理由は、オーストラリアが現行の国際秩序をアジアで維持する上で協力できる主要なパートナーは日本だと考えているということにある。日本もオーストラリアも、過去40年余りの間存続してきた国際的な諸協定の維持に非常に大きな精力を注いできた。この国際的諸協定には、米国の軍事的優位性、広く受け入れられた地政学的状況、アジアのすべての国々にとってのこれらの諸協定を包摂する様々な利益についての幅広いコンセンサスが含まれている。この国際秩序は日本とオーストラリアの防衛・安全保障政策にとって、不可欠なものであり続けてきた。そして今、この国際秩序は、中国の台頭と、近年より大胆、かつ能力を向上させた中国によるアジアへのアプローチの手法によって、短期的にも長期的にも重大な圧力にさらされているのである。

　日本もオーストラリアも、中国との間に相当に強い経済的な結びつきがある。この経済関係を評して、ほとんど依存的経済関係にあるとまで言う向きもあるほどである。それにもかかわらず、両国は現在のところ、国際秩序にいかなる重大な変化も起こってほしくないと考えている。両国は地政学的な脅威や国境を越えたテロのような新しい種類の安全保障の脅威から自国の利益を守りたいと思っているだけでなく、現在一般的となっている国際秩序のより広い構造的環境をも守りたいと思っている。これまでの両国間の協力、とりわけ非常に急速な協力関係の進展は、そうしたより大きな目標を反映しているのである。

　両国は現在のところ、アジアにおける包括的な戦略均衡関係においては二番手の国々であるため、両国の協力関係はより広い地域の中では小規模の貢献でしかないと考えてしまうきらいがあるかもしれない。しかし、この米国優位の国際秩序の政治的基盤を、米国の二つの同盟国が支援することが持つ意味の広がりを軽く見てはならない。両国はより大きな負担を担い、その国際秩序の政治的基盤を多様化させているのである。日本もオーストラリアも、安全保障分野における両国の協力関係は、米国が地域の安定のために負担しているコストを軽減する一助になるとみている。

　オーストラリアが日本との安全保障協力を熱心に押し進めてきた二番目の理由は、これと関連するが、国際社会においてより普通の国になろうとする日本

の努力を支援したいと考えたことにある。1947年の戦後の新憲法の施行以来、日本は国際政治の外縁にいた。日本は武力行使を放棄し、自国の防衛・安全保障政策に非常に重大な憲法上の制限を課した、唯一の主要国である。

　日本では議論の多いところではあるが、自民党は防衛・安全保障政策の選択肢という意味で、他の国連加盟国のような国になるという意味でより普通の国になろうとしている。それは、安全保障上の脅威がグローバル化する世界において、自力で自国を防衛するということである。日本のこうした意欲は、オーストラリアにとって、支援したいと思うことである。また、アジアの一部地域において懸念が存在することから、日本のこうした動きがもたらす外交・安全保障上の本来的なコスト削減を手助けする上で、オーストラリアは重要な役割を果たすことができると考えている。

　なぜオーストラリアは、日本国内の多くの人々の間ですら人気のない動きを支援したいと思うのであろうか。ここでは、オーストラリア連邦政府の認識が真に重要である。強調しておきたいのは、ここにはオーストラリアの政治エリートの間に存在するコンセンサス[8]を叙述するが、その判断すべてを私が是認しているわけではないということである。

　オーストラリアの政治エリートは、日本が終戦以降の期間を通じて根本的に変容したと、強く思っている。これはこういうことである。彼らは、日本が軍国主義的習慣と決別しただけでなく、日本が多くの点で自由な国の模範となったと信じている。日本は世界の資本主義経済の主要部分であり、日本の現在も続く経済的挑戦は言うまでもなく、日本は自由な国際秩序に従い、その国際秩序を支持している。そして、多くの観点から言って、開発援助や核軍縮といった分野で、よき国際市民としての模範となっている。

　オーストラリアと日本が核不拡散・核軍縮に関する国際委員会を設置し、その委員会の議長をギャレス・エバンス、川口順子両氏が共同で務めているのも偶然ではない。国際秩序を下支えしている自由の原則と価値観が、いっそう試されるようになっている世界において、この国際秩序の防衛に貢献することもできる、裕福で強力な国家はこの上なく重要である。

8　筆者がこれまでに実施してきたオーストラリア政府の高官やアドバイザーとのインタビュー内容などに基づく。

日本の防衛・安全保障政策の正常化努力をオーストラリアが、声高ではないにしても、積極的に支援するもう一つの理由は、中・長期的に見て普通の国となった日本が現行の地域秩序の安定にとって不可欠だと考えていることにある。オーストラリアには、アジア諸国間の国際政治構造に異議を唱える中国の動きを米国が撃退させられると信じる楽観主義者もいるが、この考えは徐々に信用されにくくなっているようにみえる。中国経済の成長が減速しても（もちろん、この減速こそが原因だという者もいるが）、中国の規模そのものや中国の持つ比重が既に地域秩序を変えつつある。

　おそらく、南シナ海における係争中の地域で行われてきた島の拡張建設ほど、これを最も明確に表しているものはない。私は通常、自然科学の概念を社会科学分野に適用することには慎重だが、ここでは重力の概念が教訓になる。中国の野心と政治的システムはさておき、中国ほど強大かつ強力で重要な国家は、自国が持つ程度まで発展できるということ、そしてその中国が存在する国際環境が全く影響を受けずに変わらないままでいるということは、まったく信じがたいのである。

　オーストラリアにおいては、同国が路線を変更すべきかどうかの議論があった。しかし、この議論は学術的な議論に端を発し、オーストラリアの政策に関する影響という意味でも学術的側面に限定された。オーストラリアは、同国の安全保障上の運命を現存の国際秩序に結びつけ、将来にわたって永続するものとした。依然として残っている問題は、オーストラリアが最も価値を置く事柄を維持できるようにするために、国際秩序をどのように調整していくかということである。オーストラリアが最も価値を置く事柄とは、この国際秩序の安定性、貿易への開放度、自由主義、米国中心主義といったことである。

　多くの観点において、これを可能にする唯一現実的な方法の一つは、日本がその経済規模に応じた軍事的・安全保障上の役割を担うことである。このため、オーストラリアは日本の防衛・安全保障政策の変更努力を、微妙ながらも重要な方法で支持している。

3. 結び

　オーストラリアと日本の間の関係は現在、非常に重大な新しい局面を迎えている。両国政府は、両国の協力が地域の平和と安定と安全保障を維持するために重要であると信じると公式に発表しているが、こうした動きにはリスクが伴わないわけではない。これまでの協力関係の発展は既に、アジア地域において、変化と不安定さが増大することにつながっており、それは地域内の強国の間でより大きな摩擦と不信感を引き起こしている。

　明らかなリスクは、両国の協力関係が安全保障ジレンマを創り出し悪化させることであり、そのジレンマはアジアにおいて明らかになっている。アジアは他のどこよりも防衛支出額が多い地域になっており、この新しい支出が攻撃的な交戦能力の獲得に向けられていることが、この安全保障のジレンマの直接的な結果となっている。

　また、この動きは、中国そのものと、より豊かで、軍事力が向上した中国の脅威について、（予言したことがその実現をもたらす）自己達成的予言を作り出す危険を冒している。これに関連して、現行の国際秩序を防衛するための試みは、中国とその国際的役割に関するゼロサム思考を反映している。すなわち、オーストラリアと日本が、おそらくは図らずも次のように言っているように思われる。すなわち、中国は自国の国益を反映させるために、諸条件を修正したり、要素を変更したりすることなしに、現存の秩序を受けいれなければならないと。

　中国が現行の国際環境の諸条件を修正したいと希望することに正当性があるかどうか、また中国を国際秩序に適応させるための理由があるかどうかを見極めるために、オーストラリアと日本の両国の側は少しも努力をしていないように思われる。はっきりさせておくが、私は中国の視点を支持しているわけではない。純粋に現実を指摘しておきたいのである。非常に広大で強力な国家というものは、自国が置かれた国際社会に不満な場合には、環境の方を変えようとするものではないかということを。中国に対して事実上「無条件に受けるか否か」という態度を表明することによって、日本とオーストラリアは、国際秩序をめぐる危険な競争があまり起こらないようにしているのではなく、より頻発

するように仕向けているのかもしれないのである。

　オーストラリアの政府と国民の双方の目から見て、過去70年の間に日本は根本的に変化した。両国は、生かしておけないほどの仇敵という関係から「特別な戦略的パートナー」に変化した。両国関係は今、非常に固く成熟しているので、両国が捕鯨に関して非常に異なった考え方を持つことを許容できるほどである。オーストラリアが日本に対して法的措置を取っても、それを契機に両国の安全保障協力関係が頓挫しなかったことは、両国の広範囲にわたる結びつきが強靭であることの証明になっている。

　この両国間の連携は当初、狭い貿易上の利益により突き動かされていた。その後、両国間の結びつきは文化交流・人的交流に拡大し、最近では共通の安全保障上の国益によって推し進められた。オーストラリアは日本に、同じような考えを持った米国の同盟国であり、価値観の面でも国益の面でも、それらを共有できる国家と見ている。

　こうした共通の理解は、主に二つの出来事によって、近年急速に明確になった。すなわち、中国の台頭及びその東アジアの国際秩序の不安定化と、安全保障のグローバル化である。確かに両国は経済的・安全保障上の利益を共有しているだけでない。アジアにおける現行の地域秩序が長期間にわたって維持され得るという、オーストラリアの長期的な戦略的方向性にとって、日本はいっそう重要になっている。これが吉と出るかどうかは、将来日本がどのようなパワーになるのかに関する日本国内の議論に、日本自身がどのような答えを出すかに相当程度かかっているといえよう。

（中村ゆかり訳）

〈第7章〉
台湾社会の変遷と日本イメージ

小金丸貴志

1. 台湾の日本イメージの重層性

　70年以上も前に日本の統治を離れた台湾の社会において、今日なおいわゆる親日感情が濃厚に存在することについては、近年は多くが語られるようになった。日台間は1972年に日本側が主導する形で断交し、それからさらに40年以上を経た今もなお国交のない状態にあるにもかかわらず、相互に良好な国民感情が存することはよく知られている。

　戦後の国民党政権は87年までの38年間にわたる長期の戒厳下において、中華意識の宣揚と排日的な教育を徹底して行った。その一方、台湾ナショナリズムを背景に国民党と対立し、民主化以降の台湾で交互に政権の座についてきた民進党についても、日本統治に対する台湾人の政治的抵抗を重視する立場から、日本統治を決して手放しに賞賛することはなく、「植民地」支配にはむしろ厳しい眼を向けている。現在も台湾の政治・外交レベルの言論には対日友好・批判の双方の見解が存在し、尖閣諸島など利害が対立するテーマについては言論が対日批判一色となることはしばしばある。

　それにもかかわらず、台湾では政治・外交レベルの意識とは別に、その影響をほとんど受けない基層的な対日感情が存在することはよく知られている。この戦後台湾の親日感情の成因についての一般的な説明とは、戦後の国民党統治下で2万人以上とも言われる台湾人が虐殺され（二・二八事件）、その後も戒厳下の非法治的な圧政が継続したために、日本の植民統治が相対的に一定の評価を受けるようになった、というものである。この理由は一応順当であるにせよ、戦後すでに70年以上を経過しており、また台湾自身も独自の民主化を経験した現在、台湾世論の日本に対する態度がより客観的なものとなっても不思議ではない。

だが、実際には日本訪問者は近年増加の一途を辿り、最近では出版界には戦前の庶民生活を懐かしむような本のブームまで起きている。また、台湾海峡や南シナ海が朝鮮半島と並ぶ東アジアの火薬庫とされ、台湾には親中色の強い政権が登場したにもかかわらず、日台間が互いを安全保障上の脅威と見なす事態には至っていない。台湾側に見られる非政治的で基層的な信頼感が、東アジアで求められる政治・外交レベルの信頼構築のための好条件を作り出していることは間違いないと思われる。

　このように台湾の対日世論や感情には重層的な構造があり、基層的な部分と政治的な部分が別個に存在すると考えられるが、そのような構造の成因の分析は意外なほど行われていない。そこで本論ではまず台湾社会が日本への好感を持ち、それが重層的な構造を持つに至った背景を戦前に遡り検討してみたい。台湾全島にわたる台湾社会が初めて成立したのは日本統治下であり、現代の台湾社会も基本的にはこれと同一性を保っているため、その成因の分析には歴史的アプローチが不可欠である。

　また近年は、台湾人アイデンティティーが台湾社会に定着する一方、台湾ナショナリズムを重要な理念としてきた民進党が政権を奪回し、2016年5月20日に蔡英文総統が就任したばかりである。このため上記の分析をもとに、現代の台湾ナショナリズムの担い手と対日イメージの関係を考察する。さらに上記のように、日本の戦前の台湾統治が今日の国際社会にも好影響を及ぼしているとすれば、そこには今後の国際社会と日本の関係にも示唆を与えるものがないかを検討してみたい。

2. 台湾社会の成り立ちと日本

（ア）日本イメージと族群の対立

　まず、台湾社会における親日的感情の存在は、日本の対台湾窓口機関である交流協会が実施した対日世論調査で、「台湾を除く最も好きな国」との設問について、日本が43％と他国を大幅に離し1位となっていることや[1]、人口約

---

[1] 「第四回台湾における対日世論調査」交流協会、2012年
https://www.koryu.or.jp/taipei/ez3_contents.nsf/all/1CFEA4B2B59909D349257B970027B

図1 各時代の台湾に与えた影響

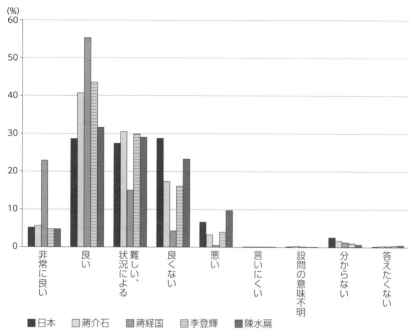

2400万人の台湾からの年間訪日旅客数が約380万人に達することからも明らかにうかがうことができる[2]。また2003年に実施された、台湾の過去の各政権につき、「台湾へ与えた影響は良かったか良くなかったか」と尋ねる調査では、蒋経国時代が特に良いほかは、日本に対しても他の時代とさほど異ならない評価がなされている点が注目に値しよう（図1）[3]。

251?OpenDocument

2 「99年至104年中華民國國民出國目的地人數統計」交通部觀光局
http://admin.taiwan.net.tw/upload/statistic/20160128/7196bba1-b810-411b-9b78-fee27d50c593.xls

3 章英華、傅仰止編『台灣社會變遷基本調查計畫 第四期第四次調查計畫執行報告』中央研究院社會學研究所、2004年、333頁
https://srda.sinica.edu.tw/group/sciitem/1/103 寺沢重法「現代台湾において日本統治時代を肯定的に評価しているのは誰か？―『台湾社会変遷基本調査』の探索的分析―」(『日

だが、このような世論を生み出す背景についての客観的な分析はこれまでに必ずしも十分には行われてはいない[4]。まず、親日感情の理由や背景を社会学的アプローチにより説明することの困難さが指摘されているが、それは台湾人の対日意識を客観的に裏付けるだけの資料が十分に得られないだけでなく[5]、日本に対するイメージは台湾の「族群（エスニック・グループ）」により甚だしく異なり、客観的な議論が行われにくいためである。このため台湾では歴史学は別として、社会科学領域においては台湾の日本観について「学術書の一冊もない」状況だとされている[6]。また、台湾における族群間の対立で、最も尖鋭的なものは言うまでもなく本省人・外省人間の対立であり、戦後台湾の日本観もこれに従い大きく両極を為していたが、1987年の戒厳解止以降には世代、社会階層等さらに複雑な価値観が続々と現れ、異なる見方が互いに交錯する様相となっている[7]。また、台湾は世界的にもメディアの信頼度が低い社会であり[8]、メディアの報道や論調を世論自体とは区別する必要があるため、世論の動向を把握する手段が他国よりも限られる。

本台湾学会報』第17号、2015年）、234頁は、この結果を「他の時代と比べて否定的に評価される傾向がみられた」とするが、むしろ調査当時の陳水扁政権への評価とほぼ同じである点に注目すべきであろう。

4　台湾の対日イメージが親日的であることを数量的に裏付ける先行研究は発見し難いという。曾美芳「台湾の新聞に見られる日本―『中国時報』の内容分析から―」（『Sophia Journalism Studies』Sophia Journalism Studies Group、2011年）、63頁

5　戒厳下で日本研究が禁圧されたほか、台湾人の自伝の数は本省人が外省人に比して戦後30年間（1945-74）で1対10、20年間（同―1964）で1対20と少ないという。黄智慧「台灣的日本觀解析（1987―　）：族群與歷史交錯下的複雜系統現象」（『思想』、第14期、2011年）、60頁

6　同論文、53、54頁

7　同論文、53頁

8　台湾で2012年に行われた「世界価値観調査（World Values Survey）」によれば、新聞雑誌についての回答は（1）非常に信頼（2）ある程度信頼（3）あまり信頼せず（4）非常に信頼せず、に対し各1.4％、27.0％、53.4％、11.9％、テレビは2.3％、33.7％、48.9％、11.3％となった。國立政治大學選舉研究中心『2010世界價值觀調調査―台灣』233頁 https://srda.sinica.edu.tw/search/gensciitem/1489

族群により日本観が激しく対立した最近の好例は、李登輝元総統（1923- ）による「日本祖国論」であった。2015年8月、陸軍少尉であった李登輝前総統が日本の月刊誌上の対談[9]で、海軍陸戦隊としてマニラで戦死し靖国神社に合祀された兄の李登欽（1921-44）に触れ、「われわれ兄弟は、紛れもなく『日本人』として、祖国のために戦ったのである」、「70年前には、台湾と日本は同じ国だった。そうであるなら、台湾が抗日戦争を戦ったというのは当然、事実ではない」と述べたことが台湾で大きく報じられた。馬英九総統（1950- ）は直ちにぶら下がり取材に対し、「台湾を売り人民を辱め、自己を貶め日本に媚びる言論」であり「直ちに撤回せよ」と述べ[10]、続いて9月の抗戦勝利70年の集会で、「私は異なる族群の歴史記憶は絶対に尊重する」と述べつつも、「台湾は日本の植民地ではあったが、彼ら（注：抗日運動家）が忠誠を尽くした祖国は日本では全くない」と述べた[11]。また、外省人の朱立倫台北市長（1961- ）も、「台湾人が自分を日本人とし日本を祖国と思うはずがない。日本統治に感謝するなど絶対にあり得ない」とインタビューに答え[12]、これに対し野党民進党の総統選候補（当時）の蔡英文（1956- ）は、「歴史を操作して対立すべきではない」と距離を置く形でコメントしたが[13]、その後もしばらくはメディアやネットの上で「日本祖国論」を巡る発言が続いた。
　このように日本が「国家」「忠誠」「祖国」等の観念に係る場合、戦後70年を経て民主化した現代の台湾社会でも、直ちに族群間で相容れない日本像が立

9　李登輝「日台新連携の幕開け」（『Voice』PHP研究所、453号、2015年9月）、36-45頁

10　「談二戰！ 李登輝：台灣人為『日本祖國』而戰」TVBS NEWS、2015年8月20日
https://www.youtube.com/watch?v=uVYPn64DpYw 0:45

11　「總統偕同副總統出席紀念抗戰勝利70週年暨民國104年軍人節慶祝活動」中華民國總統府新聞稿2015年9月2日
http://www.president.gov.tw/Default.aspx?tabid=131&itemid=35534&rmid=514

12　「朱立倫批李輝：台灣人不會當自己是日本人」華視新聞網、2015年8月23日
http://news.cts.com.tw/crntt/politics/201508/201508231651699.html

13　「藍營圍剿李 蔡：勿用歷史操作對立」自由時報、2015年8月23日
http://news.ltn.com.tw/news/focus/paper/909126

ち現れ、紛議を呼び起こすことになる。だが一方で、その同じ台湾は2011年の東日本大震災に際しては世界最多の68億5,466万台湾元（約230億円）の募金を集め、改めてその日本に対する関心の深さを印象付けた社会でもある[14]。台湾の日本観にはこのような歴史的・政治的に敏感な面と、それとは別に安定した基層的な日本理解の双方の存在が明らかに認められるが、これらは何れも戦前の日本イメージに根差しているため、その分析には歴史的な検討が不可欠となる。

（イ）法治への高評価

　では、台湾社会において、日本に対する最大公約数的な肯定的評価とは何であろうか。戦前の台湾を知る台湾人が今もしばしば憧憬を込めて語るのが、戦前の台湾社会の「社会秩序」「安全」「公衆衛生」「法秩序」等の、社会の極めて基層的な部分が優れていた点である。台湾法律史を専門とする王泰升(1960-　)は、台湾の社会秩序が1902年には安定に向かい、その後約40年間の安定により近代西洋法が台湾の社会一般に次第に受け容れられたとする[15]。ただ、近代法はいわば社会のアプリケーションソフトであり、それが有効に機能するために、OSに相当した社会規範、社会秩序の確立がこれに先行したことは言うまでもない。

　日本統治の中期である第一次大戦後に政治運動（台湾議会設置運動）を始めた最早期の近代的なインテリ層も、日本統治が社会の安定と経済の伸長をもたらしたことを認めている。林呈禄(1886-1968)は最初に発表した論文の冒頭に、「島民の物質的生活も幾分向上し、生業も頗る安固になつて居る」と前置きしてから政治的権利の主張に及んでいる[16]。蔡培火(1889-1983)の訴える所もまた、「我等を最下級の官吏、使用人としてしか採用しないこと」や「農夫が耕作の

14　「日本311大地震臺灣捐款單位及金額一覽表（103.12.31 止）」中華民國外交部、2015年2月26日

http://www.mofa.gov.tw/News_Content.aspx?n=D50FBBA67F213089&sms=8B258E760DFE270E&s=D61473CF7FFF5667

15　王泰升『台灣日治時期的法律改革（修訂第二版）』聯經出版、2014年、381頁

16　林呈禄「新時代に処する台湾青年の覚悟」(『台湾青年』第1巻第1号、台湾青年雑誌社、1920年)、29頁

自由を侵害せられ」る等の社会的・経済的差別である[17]。これら初期の台湾人インテリ層は日本統治下の司法制度には積極的な評価を与えており、それは一般社会の評価とも軌を一にしている。弁護士の蔡式穀（1884-1951）は大日本帝国憲法第二章に列挙される人権と、公法学におけるイェリネックの古典的な公権の三分類「（一）自由権、（二）行為要求権、（三）参政権」を挙げて、台湾人には「訴権」（裁判を受ける権利）はあると認めている[18]。

実際、戦前の台湾では、台湾人と日本人は同一の法院の管轄に属し、民刑法などが平等に適用されていた。事実上台湾人のみに適用される特別の刑事法令は匪徒刑罰令などごくわずかであり、このような差別的な法令は、日本統治中期には台湾社会から姿を消している[19]。日本統治後期では刑事訴訟手続（逮捕・起訴・判決）による身体の自由の侵害についての批判は少なく、一方で行政権（警察）により、行政上の身体拘束である「検束」が安易に行われる点がしばしば批判された[20]。また1920年代以降の政治運動者たちが治安警察法違反で起訴された「治警事件」では、台湾総督府法院の24年の第一審判決が全員に無罪を言い渡しており、司法と行政との別個の判断を印象付けている。

一方で、戦後に国民党軍が進駐して以降、法治が崩壊したと感じた本省人の経験談は文字通り枚挙に暇がない。台湾地位未定論を主張した国際法学者で、1996年総統選の民進党候補者であった彭明敏（1923- ）は、戦前は日本統治に反発し漢人意識を持つ学生だったが、日本統治下に存在した「法の支配（rule of law）」や各種の社会規範が外省人支配者に無視されたと述べている[21]。台湾

17　蔡培火「我島と我等」（『台湾青年』第1巻第4号、台湾青年雑誌社、1920年）、22、23頁
18　蔡式穀「権利の観念について」（『台湾青年』第1巻第1号、台湾青年雑誌社、1920年）、45頁
19　ほぼ台湾人のみに適用されていた厳格な刑事法令「匪徒刑罰令」は1915年の西来庵事件を最後に事実上適用されていない。
20　台湾議会設置運動の従事者もしばしば検束されているが、人口当たりの検束件数は内地・台湾ではほぼ同一であった。小金丸貴志『日治台灣『法治』的檢討：從比較法史出發』国立台湾大学法律学院博士論文、2013年、233～244頁
21　「彼ら（注：台湾人）は法的に日本の臣民であった。（中略）日本の支配下で、彼らは法の支配を享受した。警察は厳格で往々にして手荒く、また日本の植民地当局は台湾人を二等国民として扱った。だが日本による建て直しや指導の下で、われらが島の経済は華々しい収益をあげ、生活水準は着実に向上し、台湾は農業工業技術、通信、公共衛

人は当初、同じ漢人として国民党の来台を歓迎していたが、今や新たな支配者と自分たちは社会規範や秩序についての意識が決定的に異なること、法治や社会秩序は民族意識よりも遥かに重要であったことに愕然として気づかされたのであった[22]。

　これらの戦前の台湾社会を知る人物は、国民党の圧政を厳しく批判する半面、日本統治下の法治を評価することが多いが、それでも今なお民族意識から日本統治へ反発したり、日本統治の差別的・人権抑圧的な面を厳しく批判する例も決して珍しくないことは注目すべきである。だがそれにもかかわらず、戒厳下の台湾社会において、戦前の日本統治を知る民衆の間には、その法治や秩序を改

生、一般的な公共福祉の提供に至るまで、アジア各国中で日本に次ぐ位置にあった。われわれの祖父母はこの単に名目上は中国に属しながら、後進的で悪しき統治の下にあり混乱していた島嶼の、この変容を目の当たりにしたのである。彼らは日本人が好きではなかったが、五十年間の平和による経済的・社会的な福利を評価していた。（中略）十九世紀の台湾は、中国本土においても腐敗や無能のため評判の悪かった無秩序な駐屯軍政府の支配下にあったが、五十年間にわたる厳格な日本の行政を経て、われわれは法の支配の価値を学んだのである。人々は契約を結び、それを守るようになった。隣人は正直な人物だと一般に考えられていた。定価の制度により、店でも商人は自分の位置が分かるようになった。我々は近代的な通信、科学的農業、効率的な工業というものは誠実な計測、契約の尊重、信頼できる時間制度の中で初めて運営できるということを学んでいた。これらすべての規範を新たな主人たちは無視した。（中略）彼らが誠実さというものを、嘲うべき馬鹿の証拠と見ていることが明らかとなった。戦時下における中国の生活の、食うか食われるかというような混乱の中で、これらの者は策略や不正や二枚舌により今の場所に辿り着いており、それはしばしば彼らがいた中国の都市では生きる唯一の手段だったのだ」Peng Ming-min, "A taste of freedom: memoirs of a Formosan independence leader", Holt, Rinehart and Winston, 1972, p. 61-62

22　彭明敏の父、彭清靠（1890-1955）は日本統治を嫌う漢民族意識の強いキリスト教徒であったが、二・二八事件当時に高雄市参議会議長として彭孟緝・高雄要塞司令と交渉し拘禁され、同行者多数が射殺されて自身は辛くも釈放されている。「…父は全く憔悴して家に戻って来た。二日間何も食べず、感情的に崩壊状態だった。全くの幻滅であった。爾来、彼は中国人の下では政治や公の事柄に何一つ関わろうとしなかった。彼は裏切られた理想家の痛苦そのものであった。彼は中国人の血を恥じる、子供等は外国人と結婚して、その子孫が中国人ではなくなってしまうといい、と叫びさえした」Ibid., p. 69

めて高く評価する気分が水面下に横溢していた。表立って日本を称賛することは政治的に禁止されていたため、それは潜在意識的な社会の伏流となったのである。

(ウ) 社会秩序の形成史

ここでさらに上述の法治に先行し、それを確立する基礎となった台湾の社会秩序が成立した過程を振り返っておきたい。「近代台湾は、日本によって作られたとまではいえないものの、ともかくその重要な媒介を通じて、形成されたものではある」[23]といわれるように、台湾全島にわたる社会秩序が日本統治下で初めて確立し、それが継承されてきたという事実は、今日の日本イメージの基盤にもなっていると考えられるからである。

台湾は古来、原住民（高砂族）各部族のみが住む島であり、17世紀半ばにオランダが台南一帯に行政府を置いたのが統治権力としては最初のものである。対岸の中国までは約200キロに過ぎないが、古来中国人の台湾への入植はなかった。オランダ人が労働者として呼び込んだのが漢人社会の始まりであり、1661年に鄭成功がオランダを駆逐し、20年後に清朝が鄭成功を追討して行政府を設置した。18世紀中期-19世紀末の清代台湾は中国からの福佬（泉州、漳州）、客家の各民族が移住したが、言語も居住地域も異なっており、中国南部で明代末期から盛んになった「械闘」と呼ばれる宗族・村落間の闘争が、流動的な移民社会の台湾では一層激しく繰り広げられることとなった[24]。また、清代の台湾は地理的にも台湾島の西海岸の南北に疎隔された極めて細長い入植地であるに過ぎず、隘勇線（防衛の前線）を介して接する中央高地の「蕃地」には清朝の実効支配が及んでいなかった。

地勢的に見れば、漢人移民と原住民の対峙が台湾史における最も主要な対立の構図であり、「蕃地」「蕃界」は台湾の面積の半分以上を占めていた。台湾の

---

23 呉叡人「比較史、地政学、そして日本において台湾を研究するという寂しい営み―ベネディクト・アンダーソンへの応答―」（『日本台湾学会報』第14号、2012年）、181頁

24 戴寶村「移民臺灣：臺灣移民歴史的考察」『臺灣史十一講』国立歴史博物館、2007年 http://subtpg.tpg.gov.tw/web-life/taiwan/9608/9608-14.htm

住民は自分を個別の民族と考えるばかりで、統一した台湾人意識は形成されえなかったが[25]、それはまず台湾全体を覆う統一した中央の権威が存在せず、社会秩序、社会規範が確立しなかったためであった[26]。

当時の台湾社会で特に危険な存在であったのが、「匪徒」「土匪」[27]と呼ばれた武装勢力と、「生蕃」と呼ばれた原住民である。匪徒は山中に拠点を持って民家や交通を襲撃し[28]、また蕃人の出草（首狩り）も絶えなかったため、住宅は堅固な煉瓦造、都市は城壁で守られねばならず、さらにいわゆる瘴癘の地であったため、台湾は住民の平均寿命が30歳に届かない危険な土地だった[29]。

1894年の日本による領有開始後、1902年までに匪徒が鎮圧され、1915年までに蕃地の討伐が行われて日本が全島に及ぶ実効支配を確立することで、台湾に初めて安定した統一社会が生まれている。それは児玉総督・後藤民政長官等が主導した、武力を背景とする裁量的な統治で実現したものであり、その当否については今なお賛否の意見が分かれるものの、これにより秩序確立の前提となる社会の安定が確保されたことは確かである。

これにより台湾島の上に初めて生まれた社会秩序は、日本語による思考の共通化であり、日本的な社会規範、秩序観念による統一でもあった。これは台湾人が史上初めて経験した全島大の秩序空間であり、その中で帝国臣民として初めて限定的な自由を得ることにより、台湾人は日本統治への政治的批判を始めている。現代の台湾ナショナリズムにまで継承されている台湾人意識は、この日本統治に対する批判の過程で初めて生み出されたものである[30]。

25　殷允芃、丸山勝訳『台湾の歴史　日台交渉の三百年』藤原書店、1996年、114頁
26　王泰升『台灣日治時期的法律改革（修訂第二版）』聯經出版、2014年、385頁
27　清代の「土匪」は（一）政治的反抗者、（二）強盗、の双方が総称されるが、本論では社会秩序の観点から主に後者に注目している。
28　日本統治開始後の台湾総督府法院の判決資料を見ても、匪徒の犠牲者の大多数は台湾人自身であり、民家を襲撃する集団強盗殺人にほかならない。小金丸前掲書122頁参照。
29　1904年の男27.7歳、女29.0歳、1940年に各41.1歳、45.7歳。葉淑貞「日治時代臺灣經濟的發展」（『臺灣銀行季刊』第60巻第4期、2009年）、249頁
30　台湾独立運動の主導者の一人、黄昭堂は、日本統治以前には「台湾には台湾民族が形成されていたとはいえず、また漢民族主義そのものも台湾には存在していなかった」とする。また蔡培火が、「（日本の台湾領有は）単に日清両国間に於ける勢力争ひの結果

台湾の社会秩序の誕生にこのような経緯があることから、日本に対する意識には二重の構造ができると思われる。すなわち政治レベルの日本像には統治に対する反発もあるが、日本統治下で実現した社会の基層である社会規範、社会秩序についてはこれを支持するという二重の構造である。このような二重構造は、日本語世代の台湾人の内心には容易に見出すことができる。例えば13歳から日本に在住、東京帝大卒業後に台湾で最も早期の弁護士となり、昭和10年の地方選挙で台北市議に当選、漢人意識から戦時下の改姓名も拒否していた陳逸松（1907-1999）は、日本や日本人については、「複雑な問題で一言では言い尽くせない。これは個人の生命の歴史に複雑に絡んでいるからだ」と語っている。自分は子供の頃から漢民族意識があり、「民族としての日本人は恐るべき恨むべき」存在だが、日本統治下で三十八年間生活した自分は「飲食生活習慣から思想文化まで日本の影響を受けた」、「あるいは日本人の情感豊富な社会生活が自分の物の考え方、もののやり方を育てたかもしれない」としつつ、日本については、個人的経験と民族国家の二つのレベルに分けて語る必要がある、としている[31]。つまり民族意識のような、政治的態度と個人的で具体的な社会の経験は別の層を為すのであり、このような二分的な態度において、社会規範の経験は個人的経験のレベルで語られることが多いことに注意すべきである。

に依つての変化、我々台湾民衆の脳裡には唯だ不思議な結果、不思議な運命としか印象がなかつたのだ。亡国とか屈辱とか、はたまた被征服とかの感じは、我々多数の台湾島民には毛頭もない」、「（朝鮮に比して）我々台湾の方は、日本に対し遥かに白紙的であつた」（蔡培火『日本々国民に与ふ　植民地問題解決の基調』、1928年、台湾問題研究会、33〜35頁）とするのは「当時の状況をよくいいあてている」という。「台湾の民族と国家―その歴史的考察-: アジアの民族と国家 東南アジアを中心として―」（『国際政治』第84号、日本国際政治学会、1987年）、68頁

31　曾健民『陳逸松回憶録（戦後篇）：放膽両岸波濤路』聯經出版、2015年、347、348頁

3. 台湾ナショナリズムと日本

(ア) 台湾ナショナリズムの態様

　戦後の台湾は法制史的には、1987年7月を境に戒厳時代と民主化時代に分けることができ[32]、戒厳時代は48年に「動員戡乱臨時條款」により中華民国憲法が事実上停止され、49年5月20日の戒厳布告以降は基本的に戦時下として軍事法制で全てが律されたのであるから、その法治状況は占領軍による軍政と基本的に異ならないレベルにまで下がっている。だが一度法治を経験した社会は、崩壊せずにその同一性を保つ限り、その社会規範の意識を継承するものと考えるのが自然であろう。ゆえに戦後の台湾では、戦前の法治社会の記憶が社会の表面からは抑圧された規範意識として本省人に引き継がれ、台湾独立運動、民主化運動への確信の源泉となったと見るべきである。

　戦後の台湾ナショナリズムは二・二八事件を契機として、海外亡命者を中心に台湾独立運動として始まったものであるが[33]、運動を担った人々には親の代から日本統治時代に法治を経験し、戦後も日本社会と緊密な関係を保った人物が多く、このような連続性は戦後の台湾ナショナリズムを担った人々の間に数多く見出すことができる。例えば彭明敏の国際法理論は台湾独立運動を理論的に支えていたが[34]、彼は前述のように民族意識、台湾人意識の強い人物でありながらも、日本統治時代の法治や秩序を高く評価する人物であった。また、戒厳下の台湾でも1980年代に民主化運動が進展し、86年に民主進歩党が成立するまでは党外運動と呼ばれる在野の政治運動が続いたが、民進党創立期の主要メンバーのほとんどが終戦前後の生まれの本省人であり、親の世代から日本統治下で生活し、その記憶を継承していたことは言うまでもない。

32　王泰升『台灣法律史概論　三版』元照出版社、2012年

33　若林正丈『台湾の政治―中華民国台湾化の戦後史』東京大学出版会、2008年、51、52頁

34　サンフランシスコ平和条約で日本が放棄した台湾の帰属は未定であり、台湾住民の意思で決せられるべきだとするもの。彭明敏、黄昭堂『台湾の法的地位』東京大学出版会、1976年143～152、212～213頁

台湾における台湾ナショナリズムは主要野党であった民進党の中核的教義として継承されて来たが[35]、民進党は陳水扁政権（2000-08年）から二度目の野党時代を経て、2016年1月の総統選で蔡英文候補が大差で国民党の朱立倫候補を破り、また立法院選挙でも地滑り的勝利で初めて多数を獲得し、新政権安定の条件を整えている。学者出身の蔡英文は、1999年には李登輝総統に登用され、台中関係について、「特殊な国と国の関係」という台湾独立運動の立場とも近い見解の取りまとめを行っている。羅福全、許世楷など台湾独立運動に連なる人々との関係も深く、黄昭堂の追悼文では黄昭堂・彭明敏共著の「台湾の法的地位」を挙げ、族群を超越した台湾人意識の形成に果たしたその役割を「唯一無二の典範」と高く評価し、「われわれ後輩」は「頑張ってその理念を伝えて行きたい」と述べている[36]。さらに総統選前の2015年の訪日時には安倍首相と密会したとも伝えられ[37]、台湾独立運動を担った人々を介した日本人脈の継承をも窺わせる。

　蔡英文個人は「自分は道の端を歩く人」だと自称する権力欲のない性格の人物だが、その発言や著作には父親や台湾という土地への強い愛着が窺える[38]。自分は原住民（父方の祖母がパイワン族）の血統だと述べており、Facebookでの発言や、5月20日の総統就任演説でも「這塊土地（この土地）」という言葉がしばしば使われ、その思想的背景は土着のパトリオティズムであることを感じさせる。

　早くから「党外」と称された南部の民進党支持者であった父の蔡潔生（1918-2006）が、日本統治時代に満洲で日本軍機の修理をしていたと国民党に批判さ

35　若林正丈「現代台湾における台湾ナショナリズムの展開とその現在的帰結―台湾政治観察の新たな課題」（『日本台湾学会報』第5号、2003年）143、144頁
36　蔡英文「黄昭堂先生紀念文」陳国雄編『黄昭堂追思文集』前衛出版、2012年、13頁
37　「安倍首相、台湾・次期総統最有力の蔡英文氏と非公式に接触か　政権交代見越し日台関係改善の兆し」産経新聞、2015年10月9日　http://www.sankei.com/politics/news/151009/plt1510090030-n1.html
38　蔡英文の著書の題名「洋蔥炒蛋（玉ねぎのオムレツ）」も、父が自分に作ってくれたことから取られている。蔡英文著、劉永毅編『洋蔥炒蛋到小英便當：蔡英文的人生滋味』圓神、2011年

れたためか[39]、蔡英文の日本に関する言動には慎重さが感じられる[40]。だが一方で、上述の李登輝の日本祖国問題の際にはFacebookに長文を掲げており、その内容は戦前の台湾人の日本経験を肯定し容認するものである[41]。ただ、ここで強調されたのはむしろ族群対立を超えた台湾社会の安定である。蔡英文がしばしば掲げる「維持現状」のスローガンは、一般には外交面での台湾独立宣言の回避と受け取られているが、現状維持は台湾社会の共通認識であることや[42]、台湾が民主社会であることにしばしば言及していることに注意すべきである[43]。対中関係における台湾「民主」の強調は、台湾の将来は台湾人民の意思で決定されるべきだとする台湾独立運動の主張と同じ意義をもつのであり、すなわち現状維持とは、戦前から存続する台湾社会を、異なる族群の新世代をも包含し

---

[39] 「小英父親修個飛機也被罵『漢奸』 專家：在當時相當普遍」三立新聞網、2015年6月18日 http://www.setn.com/News.aspx?NewsID=81121

[40] 蔡英文は日本の雑誌とのインタビューで、日本時代につき、「日本人には誤りもあったが、台湾に対する貢献もあった。これは、われわれが自ら体験したことであり、われわれは独自の評価を持っている。私の家族について言えば、日本との関係はまずまずだ」と述べている。「台湾経済の最大の課題は内需拡大だ--蔡英文・台湾民進党主席」『東洋経済』2008年10月27日 http://toyokeizai.net/articles/-/2228?page=3

[41] 「いま八、九十歳の老人は若い頃、日本人にならされた人もいるし、体に『殺朱抜毛』と刺青をして何時でも政府と共に大陸反攻しようと準備していた人もいる。彼らがこの土地の上に一緒に生活して五、六十年、身の上に積もった族群の傷や歴史のアイデンティティーは、言ってみれば矛盾だらけでしょうが、どれもみな自分の個人的な経験に根差したもので真実そのものです。私たちのこの世代はもう彼らの個人的なアイデンティティーであれこれと議論し、攻撃すべきではありません。我々の責任とは、双方の一層の理解を促進して団結した未来に社会を向かわせることであり、またこの団結を通して誰一人としてとりこぼしがないようにすることです。これは私たちの共同の国家なのですから」蔡英文「蔡英文　團結台灣是領導人的責任」https://www.facebook.com/tsaiingwen/photos/a.10151242056081065.442660.46251501064/10152875679066065/?type=1&theater

[42] 「蔡英文：兩岸關係『維持現狀』符合各方利益」自由時報、2015年9月16日 http://news.ltn.com.tw/news/politics/breakingnews/1446444

[43] 「蔡英文：兩岸關係推動必須基於民主原則」中央通訊社、2016月4月27日 http://www.cna.com.tw/news/aipl/201604270231-1.aspx

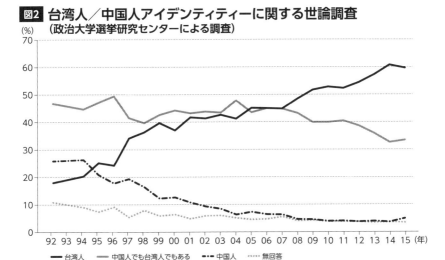

図2 台湾人／中国人アイデンティティーに関する世論調査
（政治大学選挙研究センターによる調査）

凡例：━ 台湾人　── 中国人でも台湾人でもある　-･- 中国人　･･･ 無回答

つつ維持していこうという決意の表れに他ならないと見るべきであろう。

（イ）台湾人意識の定着

　台湾ナショナリズムや台湾人アイデンティティーは近年、一般世論への定着が顕著である。「台湾意識」という語は民主化の進んだ80年代に生まれているが、台湾人アイデンティティーを問う世論調査[44]（図2）を見ると、「中国人でも台湾人でもある」との回答が1994年には最多であり、次位の「中国人」が「台湾人」をまだ上回っていた。その後、自分を「台湾人」とする回答は一定のペースで安定的に増加し続け、約10年間で「中国人でも台湾人でもある」を超え、20年目には「台湾人」が6割超となった。自分を「中国人」とする回答は逆に数％にまで低下し、台湾人意識が圧倒的な優位を示すに至っている。特に近年の調査では若者ほど台湾独立支持が多くなっており[45]、これが世代交代の結果であ

44　臺灣民眾臺灣人/中國人認同趨勢分佈(1992年06月~2015年12月)」、「臺灣民眾政黨偏好趨勢分佈(1992年06月~2015年12月)」『重要政治態度分佈趨勢圖』國立政治大學選舉研究中心　http://esc.nccu.edu.tw/course/news.php?class=203

45　新台湾国策智庫の2015年11月の調査では、20-29歳の98％が自己を「台湾人」と認識、81.9％が「台湾は将来独立して国家となるべき」と回答している。「台灣年輕世代

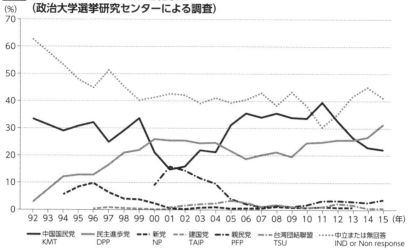

ることを示している。

　その一方で、同時期の政党支持率（図3）を見ると、大きく相互に交差し、周期的に上下逆転しており、台湾人意識とは全く異なる変わり方を見せている。ここでも台湾人の土地、社会やアイデンティティーに根差す台湾人意識が、選挙の投票時の選択とは別の意識の層に属しており、世論に二層の構造が存在することが見て取れる。

　さらに、原住民が漢人系住民と台湾人意識を共有する傾向が近年強まっていることも、台湾人アイデンティティーを強化した要因と考えられる。かつて日本統治下において初めて生まれた政治運動で高砂族は全く埒外に置かれ、戦前には本省人と原住民に目立った連携はなかった。戦後初期には原住民エリートが自治を求める動きを見せたが、政権から弾圧を受けている[46]。1980年代に原住民が政治的権利を求め始め、民進党や台湾ナショナリズムが原住民を含む「族群多元」認識を取り入れて行ったのは80年代後半であった。90年代以降

『天然獨』逾8成支持台獨」自由時報、2015年11月19日 http://news.ltn.com.tw/news/politics/breakingnews/1513507

46　若林正丈『台湾の政治―中華民国台湾化の戦後史』319、320頁

に台湾全島・全住民を背景とした社会の意識が定着したとみられる[47]。また近年、台湾人の91％を占める閩南人・客家人のうち85％が平埔族の血統だとするDNA調査の結果が広く報じられている[48]。蔡英文の上記の発言のように、自らが台湾土着の民族の血統に属するとの意識は、とりわけ漢人に強い影響力を持ち、台湾本土意識を強化すると思われる。

4. 日本の秩序形成の力

　以上に見てきたように、70年前に終了した日本統治下に初めて生まれた台湾社会の基層的部分が、現在の台湾社会の基層としても継続しており、それが両国間の好意的イメージの基礎となっていることが本論の考察する所である。日本統治について特に評価されている点は台湾社会に社会秩序や社会規範、法治を確立し、経済的発展を実現した点であり、その半面、政治的な差別や初期における暴力的統治については今なお批判を受けている。

　注目すべきことは、前者についての評価が意外なほどに高く揺るぎないことであり、これが台湾社会にとって非常に貴重な経験であったことを示している。台湾人意識は日本統治下の社会秩序の中で初めて生まれ、台湾総督府に対抗する政治運動は法治や秩序への信頼を背景に行うことができたものである。社会秩序そのものは台湾ナショナリズムの揺籃であったのであり、法治や規範はむしろその不十分さが批判の対象となるべきものであった。彭明敏が回想するように、「厳格な日本の行政」により人々は法治を学び、隣人は正直な人物だと考えられるようになった[49]。戦後の戒厳下にあっても、共通の信頼感の記憶は保たれた。台湾ナショナリズムにとって植民統治は批判の対象であっても、秩序や法治はむしろ自ら回復すべき目標となったのである。

　このような社会規範の伏流が存在したことの最大の例証は、台湾が戒厳解止後に平和裏に民主化を実現したことだと思われる。国民党の38年間に及ぶ戒

47　若林前掲書、334〜336頁
48　「閩客族群85％有原住民血統」『自由時報』2007年11月18日
http://news.ltn.com.tw/news/life/paper/168826
49　注22参照

厳時代は二・二八事件による殺戮に始まり、厳しい族群間の政治的対立を生んでいる。世界史上の類似の例を見れば、旧体制の崩壊後には民族間の内乱的な混乱が起きる可能性も十分に考えられたはずである。しかし1996年の民主的な総統選挙に至る過程は非常に平和裏に行われた。全体主義の圧政のたがが外れた時、ソ連邦は一度崩壊し、ユーゴスラビアでは旧来の民族間の憎悪が復活したことと比較すると、台湾のこのような社会の安定ぶりは驚くべきことである[50]。台湾社会の規範意識は戒厳下にあっても崩壊することなく存在し続け、政治レベルの大変動期を迎えても、社会の根本的な動揺もなく、それを支えたと考えるのが順当であろう。またそれを担ったのは、当時はまだ多数が日本語世代であった、李登輝に代表される本省人を中心とする台湾人であった。

　台湾社会に一貫して存在してきた社会規範は基層レベルであるがゆえに、社会の政治的な選択には影響を及ぼさないが、社会の秩序や安全や法治、住民同士の相互信頼といった基本的要素を媒介として、無意識的であるがゆえに強固で安定した信頼関係を、日本社会の基層的部分との間で維持することができたと考えられる。また、視点を現在の東北アジアの政治環境に移して見ると、日台間には尖閣諸島問題などの政治的問題が存し、それは時に激しい抗議活動、政治家の厳しい発言を呼び起こすにも係わらず、日本において台湾が安全保障上の重大なリスクと認識されることはなく、台湾においても同様である。それは政治・外交レベルとは別のレベルに属する基層的な相互信頼感があること、すなわち相互の秩序感のいわば相場値を予測可能なことが、相互の信頼構築を容易にしているためと思われる。

　言い換えれば、日本の現今の国際環境や安全保障は、今も70年前に日本が築いた秩序という社会インフラに依拠する部分があるとも言えるのではないだ

50　筆者の個人的経験では、米ヴァンダービルト大の日本法専門家、ジョン・O・ヘイリー教授が2012年前後に台湾大学法律学院で講演した際、「（台湾法制史で）最も偉大なことは戒厳後に政権が平和裏に移行したことだと思うが、どうして可能だったのですか？」と問いかけ、聴衆の中で筆者も同感であったが、台湾人が大部分である他の出席者には目立った反応が見られなかった。

（※脚注にあるウェブサイトへのアクセス日は全て2016年5月2日）

ろうか。台湾の近現代史や日台関係史が日本に示唆する所は、一国の社会や世論には重層性があり、基層的な世論と表面のポリティカルな世論とは成因も動因も異なるということ、そして政治・外交の層はいわばアプリケーション的な部分、社会・文化的基層がいわばOSとして機能するということである。長期的に見た日本の台湾統治の最大の成功は、台湾島の上に社会秩序を築き、社会規範を定着させたことであり、それが21世紀においても民族・国家間の共通の理解を確保し、平和の実現に寄与する基盤となっている。台湾領有開始から一世紀以上を過ぎた21世紀の日本に求められることは、この秩序形成の成功例を顧みつつ、今後は国際社会において、とりわけ基層的な規範や秩序の確立に尽力することではないだろうか。秩序の確立は秩序意識の共通化を通じて相互の信頼構築を容易にし、平和をもたらす可能性がある。日台関係史は異なる政治的意見の間にも平和が可能であることの雛型として、さらなる研究の意義を有すると思われる。

〈column〉

シンガポール特派員から見た日本とアジア

符 祝慧

　第二次世界大戦前、イギリスの植民地だったシンガポールは3年8カ月の間、日本と深く関わった。1941年12月、真珠湾攻撃と同じころ、日本軍はマレー半島に上陸した。

　その後、1942年2月15日から1945年8月15日まで、シンガポールは「昭南島」と改名された。当時のシンガポール人にとって、想像もできないほどの暗い日々だった。日本軍の支配下で、神社が作られ、日本語の勉強が強いられた。

　戦後、私の祖父母の世代の人たちにとって、最も悲惨な記憶は日本軍による所謂「シンガポール大検証」（シンガポール華僑粛清事件）だった。これが何なのか、未だに知らない日本人も多い。日本軍占領下に行われた、シンガポール在住の中国系住民に対する大虐殺のことである。日本の侵略によって、祖父母の世代の人たちは悲惨な運命をたどった。シンガポールの歴史教科書の中でも、最も暗い時代と記されている。

　シンガポールは2015年に建国50年を迎え、2016年は日本とシンガポールの国交樹立50周年の記念すべき年である。シンガポールは、建国からわずか1年後の1966年、日本を受け入れたのである。それを不思議と思う人もいるだろうが、資源のないシンガポールの国造りのためには、欧米や日本の企業をできるだけ早期に受け入れたかったのではないかと考えている。当時の国際情勢から、東南アジアに浸透しつつあった共産主義陣営に依存しないという政策もあった。

　日本と国交を樹立した1960年代当時、先の大戦についての記憶はシンガポール人にとってはまだ生々しいものであった。国中で行われる開発工事の最中、様々なところで戦争中に殺害された人々の遺骨が発見されることが

〈column〉　シンガポール特派員から見た日本とアジア

あったため、日本に対する許しがたい感情が噴出することがあった。そのあと、「血債の塔」[1]という慰霊塔が建てられ、掘り出された遺骨はその中に納められた。高く白い塔で、今もシンガポールの中心地にある。旅行でシンガポールを訪れる人々が必ず車で通る場所であり、それは戦前、日本がシンガポールに残した「負の歴史」でもある。

　私が日本に留学した1980年代当時、日本はバブル期の真只中で、経済成長一本の国だった。円高が進み、アジアからの留学生は今ほど多くはなかった。しかし、アジア諸国からの留学生から見れば、生活水準の高い先進国で、「日本に学ぶ」という風潮があの頃あった。例えば、マレーシアの「ルック・イースト政策」はその一例である。

　当時、私は日本の大学に通っていたが、残念だったのは、同じ世代の同級生との交流の中で、戦前の歴史について触れることがほとんどできなかったことである。驚いたのは、日本の歴史教科書にはシンガポール占領の部分はわずか数行のみで、私が日本語ができるようになっても、この点では彼らとの話は合わなかった。

　1990年代、卒業してシンガポールのテレビ局に勤めた。担当したニュース番組で、印象深かったのは、1991年の湾岸戦争終結後に、日本が掃海艇を派遣したことだった。自衛隊の艦船が給油のためシンガポールに寄港したため[2]、経済大国の日本はこれから再び、軍事大国に変身するのか、といった議論がシンガポールおよび国際社会でされたように思う。

　再来日したのは、1995年だった。日本は、戦後50周年の節目に、いわゆ

1　編者注。「日本占領民間犠牲者記念碑」（中国語名・日本占領時期死難人民紀念碑、英語名・Memorial to the Civilian Victims of the Japanese Occupation）とも呼ばれる。ラッフルズ・シティ前の戦争記念公園内に建っている。<http://www.kantei.go.jp/jp/singi/tuitou/dai7/7siryou1.pdf>2016年4月9日閲覧。

2　編者注。海上自衛隊の掃海派遣部隊は1991年4月26日に横須賀・呉・佐世保から各々出港し、ペルシャ湾に向かった。その途上、食糧や燃料補給のためシンガポールのほかペナン（マレーシア）などに寄港、同年9月11日の掃海作業終了後の帰国途上にもシンガポールやスービック（フィリピン）に寄港した。<http://www.mod.go.jp/msdf/mf/history/nennhyou/img/img/s-wangan.htm> 2016年4月10日閲覧。

る「村山談話」[3]を発表した。それに先立ち、日本は従軍慰安婦問題に関して、いわゆる「河野談話」[4]も発表していた。この二つの談話はなぜできたのか、私は次のように考えている。

1990年代は、日本が戦後してこなかった戦争責任問題の「蘇生期」と呼びたい。ソビエト崩壊やドイツ統一を受けて、アジアでも韓国や台湾で民主化運動が活発化していた。そして、アジアの市民の間では、先の大戦に関する歴史責任を整理できなかった日本に対する感情もあり、日本に対するいろいろな要求が強まっていたように思う。

しかし、21世紀に入り、残念ながらこの雰囲気は去っていった。「歴史」は日中、日韓における関係悪化の原因の一つで、日本に対する不信は増加傾向にあるように思う。

先の大戦に関しては、日本にとっても、なかなか乗り越えられない事情もあるように思う。日本に来てから、広島および長崎を訪ねた。被爆者のみならず一般市民も、あの戦争によって悲劇を背負っていることが分かる。過去に対する整理は、戦後70年を経ても整理しきれないものがあるように感じられた。

私は2001年に、現在勤務している新聞社の特派員になった。米国における9・11同時多発テロ事件はその年に起きた。日本の国会では、その後、自衛隊のイラク派遣が審議されたほか、2015年には安保関連法が成立し、今の日本は自衛隊の国際的活動が当たり前のようになった。

私から見ると、日本が世界で軍事的な役割を果たすにはまだまだ早過ぎるように思う。世界の諸地域には、不安の要素が山ほどある。日中間に横たわる尖閣諸島問題、関係国が領有権を争う南沙諸島問題。台湾新政権による「独立派」の台頭も考えられる。

戦後、日本は平和裡に自国を守り、今も平和を守っていくと誓っている。私も今の日本が戦前のようになるとは思わない。国際紛争に全く関わらない

3　編者注。正式には、「戦後50周年の終戦記念日にあたって」と題する村山富市首相による談話。
4　編者注。正式には、「慰安婦関係調査結果発表に関する河野内閣官房長官談話」。

わけにはいかないのが今の日本である。それは湾岸戦争以降、「金は出すが、血は流さない」という日本の在り方に諸外国から厳しい批判を受け、国際的な紛争解決にも関わらなければならないという見方があるからであろう。

しかし、日本が安保関連法によって世界に関わろうとする姿勢は、アジア諸国で理解が得られるだろうか。アジア諸国の間に、日本に対する不信が少しでもあるなら、日本が軍事的役割を果たすことは、場合によっては情勢を複雑化させることになるかもしれない。

東南アジアの国々にとって、平和を維持することは繁栄の大前提である。東南アジアにおける日本の役割を考えた場合、まずは経済的側面と人道的側面を考えることが大事であろうと思う。戦後70年の先に、日本はまず、アジアにもっと目を向けて、平和の仕組みを考えるべきではないか、と提言したい。

アジア諸国間、またそれぞれの国の国内社会における貧富の格差について考え、そしてそれらを克服する方法としていくために交流を深めていく意味で、日本が技術的に貢献できる分野も大いにあると期待している。例えば、東京から名古屋まで新幹線に乗って、シンガポールからマレーシアの首都クアラルンプールまでの距離と実はほぼ同じ（約310キロ）だということに思い至った。将来、快適な新幹線が東南アジアの国々をつなぐことができたら、どんなに素晴らしいだろうか。もちろん、環境保全のための省エネルギー技術については言うまでもなく、東南アジアのみならず、アジア諸国全域で、日本の専門知識による貢献は大いに期待されている。

元留学生の私が提案したいのは、今の日本はアジアに教えるだけではなく、アジアとともに考え、何を一緒に作っていくのかということが問われている時代だということである。アジア全体をよりよくするためには何が必要か、国を超えた仕組みをさまざまな分野で一緒に考えていくことが、期待されているのではないだろうか。

【シンガポール・メモ】
面積は716.1 平方キロ。長崎県の対馬や山口県下関市とほぼ同じ面積である。人口は 約540万人。国内総生産（GDP）は3079 億 米ドル（2014年、シンガポール統計局）。 多民族国家(マレー系、インド系、中国系他)。中華系が70％を占める。国語はマレー語、公用語は英語、中国語、マレー語、タミール語。

〈第8章〉

ドイモイ後のベトナムにおける日本像

グエン・ティ・トゥエン

1. 概説 ——日越間の経済的・外交的関係の背景

1.1 日越関係のはじまり

　日本とベトナムの間に友好的な関係が形成されたのは約400年前である。阮潢（Nguyen Hoang）によってホイアン（Hoi An）港が開かれると、1583年にダナン省のホイアンに、その後、クアンチ（Quang Tri）省のクアベト（Cua Viet）港に日本の貿易船が到達したと、ベトナムの記録にある。御朱印船と呼ばれた日本の貿易船は、長崎港や堺港などから出港していた。ベトナム人貿易商は、日本から銀、銅および青銅を手に入れており、それらと交換されたベトナム産の絹、砂糖、香辛料、珊瑚は、日本に莫大な利益をもたらしていた[1]。

　日本人は、ホイアンにおいて、家屋、商店および宗教施設の建設が認められていた。貿易従事者の流入を統御するために阮氏は、日本人商人に、日本人家屋を意味するNhat Ban Dinhという居留地をホイアンに設営することを認めた。阮氏は、居留地に自らの統治者を選び、独自のルールを持つことも許可した[2]。この時期が、ホイアンにおける日本人ビジネスの黄金時代である。日本人居留地は、ホイアンの日本町となった。阮氏によって承認された、ホイアンの初代日本町町長は、商人の船本弥七郎である[3]。

1　『交趾国貿易渡海図』情妙寺（日本）所蔵。チュオン・トゥー「歴史の流れに沿った日越関係に関する資料」、劉建輝編『日越交流における歴史、社会、文化の諸課題』、国際日本文化研究センター、2015年、pp.12-13.
2　これを示す石碑が、ダナン氏のホアギエム洞窟にある。
3　Critoforo Borri, *Xu Dang Trong Country 1621*, Nxb Thành phố Hồ Chí Minh, 1988. p.92 ；小倉貞男,『朱印船時代の日本人——消えた東南アジア日本町の謎』中央公論社,

ホイアンは、1301もの遺跡とともに、1999年に世界遺産へ登録されたが、そこには約700人もの日本人の居住地跡や、1513年に設置された来遠橋（Chua Cau：橋塔を意味する）、さらにはホイアンを第二の故郷と考えていた日本人商人の墓といった、10の日本人遺跡がある。来遠橋は上部が橋であり、下部に小塔を有する特別な構造を持つ。阮福澍は、1719年にホイアンを訪問し、これを訪問者を歓迎するための橋と呼んだ。来遠橋のイメージはホイアンのシンボルとなり、20,000ベトナムドン紙幣に印刷されている。

1.2 日越の友好関係

現代の、日本とベトナムの関係は、1973年の外交関係樹立以降、特に86年の「ドイモイ（刷新）」後に強化された。両国は、「アジアの平和と繁栄のための越日間における戦略的パートナーシップに向けた協力」を開始した。日本はベトナムの外交政策において優先的地位を持つ国の1つとなった。日本はベトナムにとって、主要な貿易パートナーであり、日本とベトナム貿易収入総計は、2015年で300億米ドルである。日本からの支援はミートゥアン橋（My Thuan Bridge）や、カントー橋（Can Tho Bridge）のような重要な交通社会資本、さらにフエ中央病院（Hue Central Hospital）やバックマイ病院（Bach Mai Hospital）などの病院などに結実した。日本からの海外直接投資は増加し続けている[4]。

日本貿易振興機構（JETRO）、国際協力機構（JICA）、国際交流基金、青年海外協力隊、海外漁業協力財団（OFCF）、海外技術者研修協会（AOTS）といった多くの日本の組織の活動は、経済分野のみならず、コミュニティや持続可能な開発の支援をねらいとしており、ベトナムの人々にとって大変有用なものとなっている。これらは両国および両国民の友好的な協力関係の明確な証拠なのである。

1989年, p.97；ドー・バン「ホイアンと国内各地との商業関係と商業形式」日本ベトナム研究者会議編『海のシルクロードとベトナム──ホイアン国際シンポジウム』穂高書店, 1993年, p.277.

4　http://www.jica.go.jp/vietnam/vietnamese/（2016年2月1日閲覧）

1.3 ベトナムのメディア

情報・コミュニケーション省（Ministry of Information and Communications）の統計によると、ベトナムには、1111の紙媒体による出版物を有する857の出版機関がある。紙媒体の出版物に関しては、中央機関が86紙の新聞を、521の雑誌を、地方機関 が113紙の新聞および130の雑誌を保有している。マルチメディアに関して言えば、ベトナムには1つのニュース機関、1つの中央テレビ、1つのラジオ、さらには60以上のローカルテレビおよびラジオ局がある。ベトナムには、75の有償チャンネルを含む、183のＴＶ チャンネルがある。出版社は65あり、53が中央の出版社で、12がローカルのものである。オンライン紙に関しては、ベトナムには105のオンライン新聞および雑誌がある[5]。

情報を得る手段としては、テレビ、ラジオ、コンピュータ、パーソナルコンピューター、タブレット、３Ｇのデジタルテクノロジーによる携帯電話、テレビ衛星といったように、多様かつ現代的に発展してきた。ベトナム人の人口は9,070万人ほどで、人口の44％（約3,980万人）がインターネットを使用しており、2,800万人がソーシャルネットワークのアカウントを持ち、14億2,840万もの携帯電話番号が登録されている（これは一人当たり1.4の携帯電話が購入されていることを意味する）。インターネットユーザーに関していえば、3,230万人（人口の36％）が、携帯電話からインターネットにアクセスし、2,400万人が、ソーシャルネットワークのアカウントに携帯電話からログインしている[6]。

2. ベトナム人の日本人像

外交、経済、文化における両国の長期かつ深い関係の歴史は、両国および両国民にとって偉大な出発点であり、しかし出発点にすぎなかった。今日、ほとんどのベトナム人は、日本および日本人に対して、素晴らしいイメージを持っ

5　http://mic.gov.vn/Pages/trangchu.aspx（2016年2月1日閲覧）

6　http://www.slideshare.net/wearesocialsg/digital-social-mobile-in-2015/362（2016年2月1日閲覧）

ている。テレビチャンネル、新聞、ラジオなどベトナムのマスメディアで放送されている幾千もの記事、映画、ドキュメンタリー、テレビのリポート、ニュースに映し出されているものの結果、ベトナム人は多様で、豊かで、美しい日本のイメージを間違いなく持っている。ここで、ベトナムのメディアに映し出されている、日本イメージの印象的で特別な特徴を紹介する。

2.1 完璧さと高級さ

　1986年に実施されたドイモイ政策後、ベトナムは世界中の多くの国々との関係樹立を開始した。日本はベトナムと経済関係を形成した最も早い国の1つであった。2つの長い戦争とアメリカによる通商停止を耐えぬいた後のベトナム経済は、小さく、弱いものだった。ベトナム人の生活は大変過酷なものであり、一人当たりの所得は、年間で約86米ドルだった。それゆえ外国の製品、とりわけ日本製品がベトナムに輸入されたとき、ベトナム人はその先進性に深い感銘を受けた。その後、長期間の使用によって、それら輸入品はその耐久性を証明していった。質の良さゆえに高価格であったため、富裕層が、そうした製品を楽しむ最初の人々となった。こうした状況が、日本製品の完璧さと高級さのイメージを作り上げる結果を生んだ。それはベトナム人の社会的な地位や、共通の夢を表すものであった。

　ベトナムに輸入された日本の消費財は非常に人気で、ベトナム人による詩に書かれたり、人々が成功しているかどうかを評価する基準になったりした。例えば、「セイコー5」の時計を持っていることが、女性がボーイフレンドを選ぶ際の最初の基準となりうるほどだった。「ナショナル」[7]のテレビを持つ家庭は裕福で高級と見なされ、毎晩、テレビ番組の放送時には、それを楽しむため駆けつけた隣人で家が混雑したものである。その後経済が上向きになると、ベトナム人の夢は、日本製のバイクへと移った。「日本製のバイクに乗った醜い男のクオリティは、見た目のいい男のそれに勝る」という意味の日本製バイクに関する慣用語があるほどだった。

　今日、ベトナム人の、特にハノイ、ホーチミン、ダナンといった都心部の生活は、物質的には十分なものとなった。ベトナム人はもはや必要な家庭の備品

7　現パナソニックの旧ブランド名。

に困る事はなくなった。物は様々な国々や地域からベトナムに輸入され、ドゥカティ、フェラーリ、メルセデス、アウディなどの高級ブランドも含めて豊富である。しかしながら日本製品に対する印象は、いまだに生きている。

　日本製品がドイモイ以前に高級さを象徴していたとすれば、ドイモイ後も、日本製品は良質さを象徴している。ベトナムの日常生活で頻繁に使用される慣用句として「ソニーのような質」という言葉があることを紹介したい。この慣用語における「ソニー」という言葉には、見た目だけでなく、質も完璧であるという意味がある。この慣用語は、通常、若い女性を褒めるときに使われる。私にとっても、若いときに誰かがこの慣用語を用いて賞賛してくれれば、幸せな気分になったものである。

2.2 日本文化の美しさ

　日本の伝統的な文化は、ドキュメンタリー、テレビニュース、研究および写真などベトナムの様々な形態のメディアに映し出されている。日本は、正月、子供の日および花見など、様々な伝統的な祭や行事に美しい伝統をとどめている国として描かれる。

　ベトナムのメディアは、上品さと唯美さを持つ日本料理を褒めたたえている。日本料理を描いた記事の導入として以下のものがある。例えば、「日本料理には、やさしい味わいと新鮮さのみならず、盛り付けに偉大な知が認められる[8]」。もしくは、「唯美主義と上品さが、日本料理を、日いずる国の文化的神髄の1つたらしめている」[9]。

　相撲を紹介する記事の、短いパラグラフを引用したい。「相撲は日本の伝統武術である。この武術は、日本の文化的神髄と伝統的な信念を示している。日本人は相撲のことを、武術としてのみならず、神道の公的儀式と考える。土俵

8　http://news.go.vn/am-thuc/tin-1027384/am-thuc-nhat-ban-voi-nguoi-viet.htm, http://daotao.vtv.vn/dac-sac-tinh-hoa-am-thuc-nhat-ban/, http://tourdulichnhatban.info/du-lich-nhat-bantrai-nghiem-ve-dep-am-thuc-nhat-ban-pn.html
（2012年11月21日閲覧）

9　http://hachiedu.com/nham-nhap-huong-vi-tinh-te-cua-am-thuc-nhat-ban/（2015年12月18日閲覧）

〈第8章〉ドイモイ後のベトナムにおける日本像

は単なる競技場ではなく、神聖な場所なのである」[10]。テレビや新聞など、多くのベトナムメディアによって報道される相撲は、強い日本、力のある国という深い印象をベトナム人に与えている。

　茶道も、ベトナム人の間に素晴らしい日本のイメージをもたらしている。ベトナム人は、茶の作法の実践を通した日本人の落ち着きと悠々としたふるまいを賞賛している。茶道は、ただ飲むだけではなく、優雅さを持って楽しむものである。ベトナム人は、茶道を、魂を清めるものだと考えている。

　さらに、日本文化の美しさを示すものに着物がある。着物は日本女性の上品な美しさを強調する、洗練された伝統衣装である。また、日本人若年層の現代的ファッションであるコスプレは、スタイリッシュで、特別かつクリエイティブな衣装という印象を与える。

　他にも日本の伝統的なもの、生け花、折り紙、風呂敷……が、ベトナムのメディアにおいて美しく映し出されている。これらすべては、深い伝統文化を持つ素晴らしい日本というイメージを形成している。

2.3 日本人のパーソナリティー

　研究者、留学生もしくは海外での労働者によって語られる何千にもおよぶ物語は、ベトナム人をして、日本人の美しいパーソナリティーを賞賛せしめている。ベトナムで発行されている新聞で描かれている日本人の典型的なパーソナリティーを紹介したい。

　「日本人は、他の国々の人々を驚かせるほど正直だ。私には忘れられない経験がある。大阪の小さな駅近くにある八百屋には、スタッフが1人もいなかった。代わりにすべての新鮮な野菜には、1枚の板が添えられていた。その板には『1パック100円』という価格が書かれていたのである。つまり支払いは、完全に購入する側に委ねられているのだ。また、もしあなたが日本で財布を忘れても困ることは無い。なぜなら、日本人は紛失物を見つけたら最寄りの交番に送り届けるからだ」[11]。

10　http://tournhatbanmoi.com/sumo-net-tinh-hoa-van-hoa-nhat-ban, http://thvl.vn/?p=249532(2013年1月30日閲覧)

11　https://www.facebook.com/permalink.php?story_fbid=1484928571779532&

「チームワークの精神は、チームを成功に導く最も決定的な要素である。日本人は、ビジネスをするにあたって、優秀な個人に焦点が集まりすぎると失敗すると考えている。なぜなら、すべての個人は自らの成功にのみ集中しているからである。日本人は、調和のとれたチームワークを得意としている。日本人は、成功が優秀な個人からではなく、チーム全体の努力の結果と考えているのだ」[12]。

「日本に旅行すると、丁寧さと誠実さという2つの、実に優れた点が見受けられる。フランスやイタリアのように、地下鉄でスリを恐れる必要はない。ベトナムのように、鞄をひったくられて損害を受ける恐れはない。インドのように、写真を撮ったり場所を聞いたりして、金銭を強制されることもない」[13]。

ベトナム人の考える最も特別な日本人のパーソナリティーは、侍の精神である。それは勇敢さ、優しさ、自制、忠誠および名誉に関する高邁な思想を表している。ベトナムで流通している侍に関する全ての映画、ドラマ、文学は、パーソナリティーを強調する。それは非常に人気があり、ベトナムの人々は、日本人は必ずそうした精神を持っていると考えている。

2.4 自然の美しさ

日本の自然の美しさは、多くのドキュメンタリー、写真およびベトナム語に翻訳された文学に描かれてきた。日本は、多様な景観と美しい花々に彩られた四季を持つ。さらに、日本人は公共のルールを真摯に守るので、「清潔で美しい日本」というイメージを形成している。

2014年には、約10万人にも上るベトナム人が日本へ旅行した。もしベト

---

id=1458108064461583（2014年10月24日閲覧）、http://cafebiz.vn/song/cafe-tuan-moi-suy-ngam-ve-su-trung-thuc-201407121447352472.chn（2014年7月14日閲覧）、http://langquyen.blogspot.jp/2014/07/suy-ngam-ve-su-trung-thuc-trong-cac.html（2014年7月13日閲覧）

12　https://www.facebook.com/fsmartcorporation/posts/1529122724031532:0（2015年1が月11日閲覧）、http://vjtech.edu.vn/tin-tuc-moi/phong-cach-van-hoa-cong-so-cua-nguoi-nhat.html（2015年10月9日閲覧）

13　http://tranmongtu.blogspot.jp/2015/06/nuoc-nhat-va-nguoi-nhat.html、https://luomlatgopnhat.wordpress.com/2016/02/20/phong-canh-nhat-nguoi-nhat/

ナム人の平均収入が日本人のそれより非常に低く、日本に旅行するコストがベトナム人にとって非常に高いことを知らないなら、この数字に意味はない。2014年に日本に旅行した10万人ものベトナム人という数字は、ベトナム人にとって日本はいかに魅力的かを証明していると指摘したい。

2.5 先進技術

ほとんどのメーカーの人々が、日本を先進国に挙げることに躊躇しない。これは、日本の技術的先進性を紹介するさまざまなニュース、記事およびテレビニュースの結果である。例えば、ホンダのロボット「ASIMO（アシモ）」を紹介するイベントは、多くのテレビ局や新聞などで報道された。このイベントは単なるホンダの広告ではなく、ベトナム人を夢中にさせた技術展だったのである。

3. 日本人の印象

3.1 最も有名な日本人――おしん

『おしん』はNHKのTVドラマである。貧しい家庭に生まれた日本人女性の人生を描いた物語である。この女性は、仕事と人生の成功を得るために、大きな障害を乗り越えた。1994年にベトナムで放送されたこのドラマは社会現象となった。ドラマの放送中は、通りから人が消えたものである。多くのベトナム人女性は、ドラマを視聴中、感動のあまりに涙を流した。

ドラマを楽しむ中で涙を流した、若いベトナム人女性の回顧記事を紹介しよう。「『おしん』が最初に放送されたとき、私は子供でした。当初は、なぜベトナム人の大人たちが、これほどまでにこのドラマに興味を持つのか理解できず、馬鹿げていると感じました。大人たちは、映像を静かに見ていて、目に涙があふれはじめます。大人になって『おしん』を再び見ましたが、なぜベトナムの人々がこれほどまでに感動しているのか、わかりました」[14]。ベトナムの新聞は、

14　http://soha.vn/giai-tri/da-ai-tung-khoc-vi-mot-oshin-21-nam-truoc-nhu-toi-20150928110752124.htm（2015年9月28日閲覧）、http://news.go.vn/dien-anh/tin-2194211/ky-uc-con-mai-ve-bo-phim-huyen-thoai-oshin.htm（2015年9月29日閲覧）、

『おしん』を、人生で様々な障害に打ち勝った偉大な日本人女性というだけでなく、第二次世界大戦の瓦礫の中から立ち上がることに成功した国の、偉大なシンボルであると論じている。

3.2 日本のコミック– ベトナムの子どもたちの贈り物

『ドラえもん』『美少女戦士セーラームーン』『名探偵コナン』……。日本のコミックは、ベトナムの子供向け書籍の70%を超える。ベトナムの子供たちは、日本のコミックを非常に好み、新刊が出るのをいつも楽しみにしている。子供向けの書店には、日本のコミックを熱心に読んでいる子供たちがいつもいる。私も日本のコミックを息子に贈ることがあるし、息子も常にそれを喜んでいる。

3.3 多くの感動的な物語

ベトナムの新聞やテレビでは、無数の感動的な日本の話題が見られる。加えてベトナムでソーシャルネットワークが人気になると、多くの美しい日本の話題がシェアされ、それが日本のイメージを向上させた。2011年3月の東日本大震災の後に、日本人がいかに秩序だっており、互いに助け合っていたか、また、ブラジルでサッカーの試合後、日本人がいかに座席をきれいにしていたか、といった話題が、ベトナム人の日本人に対するイメージを、より素晴らしいものにした。

ここで、「どの国が日本に最も好感を持っているのか」についての、ピュー研究所の調査結果を引用したい。この調査は、2015年4月にアジア・太平洋地域10カ国で行われた。それによると、ベトナムは82％という高い評価を日本に与えている。これは、マレーシア（84％）に次いで高い[15]。しかも安倍晋三首相に対する支持率は、日本でのそれよりも高い。これこそが、ベトナムの人々が「美しい日本」イメージを持つ証拠だと私は考えている。

---

http://www.tin247.com/2_thap_ky_truoc_oshin_da_tung_lay_nuoc_mat_cua_nhieu_gia_dinh_moi_toi-8-23696359.html (2015年9月29日閲覧)

15　http://www.pewglobal.org/2015/09/02/how-asia-pacific-publics-see-each-other-and-their-national-leaders/asia-heat-map/ （2016年2月1日閲覧）

4. 結び

　少し個人的な話をしたい。約10年前、私は市民センターで日本語の基礎を教えていた。この仕事は、日本に興味を持っている、より多くの友人を私にもたらした。その中で最も印象的だったのが、フアム・トイ・ハン（Pham Thuy Hang）である。ベトナム美術大学という、ベトナムにおけるファインアートの一流大学を卒業した画家である。彼女は無条件に日本を愛していたが、日本へ行ったことはなかった。

　私は彼女になぜ日本を愛しているのか聞いた。彼女は、『将軍』のような日本を舞台にした小説・映像作品や、子供のころからメディアに映し出されてきた日本のイメージが、彼女の日本に対する愛を育んでいったと述べた。彼女は日本人のような深みを得たいと望んでいる。彼女の卒業テーマは、古い時代の日本の木版画に関するもので、タイトルは「古き日本の木版画で描かれた性科学」あった。彼女は、10点満点中、9.5点の成績を獲得している。

　また、彼女は、日本とは「知」を意味すると考えている。彼女には愛する娘がいるが、その子の名前もチエである。わが親友のフアム・トイ・ハンこそが、ベトナム人の間にある美しい日本のイメージの明確な証左であると考えている。日本とベトナムの友好関係が、常に豊かなものである事を祈りたいと思う。

（井原伸浩 訳）

あとがき

　本書では、同じ敗戦国であるドイツとの比較を視座として、日本の国際関与や国際社会からの視線を検討した。ドイツが1990年に統一を実現し、曲折を経ながらも、統一の実を上げて欧州一の政治・経済大国となったのに比べ、日本はバブル経済崩壊後の「失われた20年」に象徴される経済不振に加えて、東日本大震災、福島原子力発電所事故という未曾有の天災・人災に見舞われて、あたかも「衰退する国」のように国際社会には映っているのではないか。こうした問題意識の下、日本は国際社会とどのように関わってきたのか、また国際社会は日本に対する見方をどのように変容させてきたのかを考察した。戦後70年の2015年、戦後の在り様を総括する議論が政府レベルだけでなく各所で出されていることを契機に、多様な視点からの分析を試みた。

　ドイツは戦後、一貫して欧州統合を主導し、冷戦終結の現実を見据えて、ドイツ統一という国家目標を実現する千載一遇の好機とみて果敢に動いて実現に成功し、今や周辺国は、安全保障上の脅威とはなり得ない友好国ばかりである。統一前の冷戦期には、可能性があるとされた第三次世界大戦の戦場として想定されていた時期もあったことを考えると隔世の感がある。そして、統一に伴う国内改革の痛みは随分大きなものがあったが、それを克服して、名実ともに欧州一の大国になった。ところが、統一から四半世紀を迎えた現在、第2章でみたように、英国が2016年6月の国民投票で欧州連合（EU）からの離脱を決め、EUを脱退する初の加盟国になることが決まったことは、ドイツが主導する「ドイツ的ヨーロッパ」への反発と理解することもでき、ドイツにとっては大きな試練であり、挑戦であろう。

　ドイツではまた、2015年に起きた中東からの大量の難民流入によって大きな試練に直面し、難民に厳しい姿勢を取る新党「ドイツのための選択肢」（AfD）

あとがき

の伸長を許す事態となり、国内政治の構造が変わる兆しを見せている。これをどう乗り越えていくか、どのような進路をドイツは選ぶのかが喫緊の課題である。同時に、外交・安全保障政策のグローバル化には北大西洋条約機構（NATO）、欧州連合（EU）の枠組みを通して、かなりの程度、グローバル化への政策的適応が進んでいる。

これに対し、日本においても政策的対応は進み、湾岸戦争の際に浴びせられた「小切手外交」批判を契機に、平和維持活動（PKO）への参加に道を開くPKO協力法（1992年制定）などを皮切りに、自衛隊や文民警察官によるPKO活動への参加など、国連などの枠組みによる国際的協調活動への参加が徐々に進んできた。

あれから四半世紀を経た今、日本を取り巻く国際環境は大きく変わった。南シナ海や東シナ海で中国が現状変更を試み、とりわけ南シナ海では人工島を造成して軍事拠点化を進めていることが近隣の安全保障環境として懸念される。一方で距離的に遠いと見られがちな、シリアやイラクをはじめとする中東情勢は混沌を極め、欧州には百万人を超す大量の難民が流入している。このような国際社会の現状を踏まえて、国際秩序の安定に日本がどのような役割を果たすのかに関する建設的な議論がなされているかと言えば、心許ない。今後の成熟した論議に期待せずにはいられない。

本書では、国外から日本へ向ける視線を考える論考として、オーストラリア、台湾、シンガポール、ベトナムを対象とした。日本の戦後を議論する際に、中国や韓国との関係が議論されることが多いように思われたため、未来志向の日本の進路を考えるためには、他の近隣諸国の声に耳を傾けたいと考えたからであり、本書の特徴でもある。

本書は、名古屋大学で、2016年2月12日に開催された国際シンポジウム『グローバル社会と日本：戦後70年を越えて』（名古屋大学グローバルメディア研究センター主催、共同通信社・中日新聞社・東海テレビ後援）に提出されたペーパーを基に大幅加筆したもので、出版に当たって、関係の皆さまには大変お世話になった。

まず、国際政治学の泰斗である渡邉昭夫先生には、大変お忙しいところ、名古屋までおいでいただき、シンポジウムでは基調講演をお願いし、その内容を

基に寄稿していただいた。渡邉先生にはオーストラリア留学を挟んで20年近く指導を賜り、勉強の機会を頂いている。改めて、心からの感謝を申し上げる。

また、2015年9月まで防衛審議官の重責を担われてきた徳地秀士氏には退任直後の慌ただしい中、シンポジウム発表と原稿をお願いし、快くお受け頂いた。国内的にも議論が続くテーマだけに、出席にも勇気が必要であったかもしれず、深謝申し上げたい。

メルボルンから2泊4日の弾丸出張で参加してくれたニック・ビズリー教授、在京特派員であるベトナム通信社のグエン・ティ・トゥエン東京支局長、シンガポールの「聯合早報」東京特派員の符祝慧さんも取材で多忙の中、駆けつけてくれた。さらには、名古屋大学の仲間である井原伸浩、小金丸貴志、加藤博章の各氏には、プロジェクトの主旨を理解し、限られた時間の中で寄稿していただき、感謝に耐えない。

実は、シンポジウムではもうお一人、講演していただいた方がいた。外務省伊勢志摩サミット・G7広島外相会合準備事務局長（大使）の滝崎成樹さんである。イスラマバードでご一緒して以来、20年近いお付き合いをさせていただいている滝崎さんには「伊勢志摩サミットと日本からの発信」と題し、サミットを通して日本が発信したいと考えているメッセージを中心に、大変興味深い講演をしていただいた。内容的にできるだけ早い機会に公表したほうがよいと判断されたため、名古屋大学の学術誌である『メディアと社会』第8号（2016年刊、pp.49-55）に収録させていただいた。名古屋大学のリポジトリーにも登録され、インターネット上でも閲読できるので、是非合わせてご一読いただきたい。

本書の基盤となった研究プロジェクトでは、多数の方々のご協力を賜った。まず、国立大学改革の議論が喧しい中、研究センターの設立、並びに研究プロジェクトの意義を認めて励まし、応援してくださったのは、現総長の松尾清一先生、前総長の濱口道成先生の二代にわたる総長である。記して心からの感謝を申し上げたい。また、理事（国際担当）の渡辺芳人先生をはじめ、シンポジウムの後援を賜った共同通信社、中日新聞社、東海テレビの各社の皆様、とりわけ後援に尽力してくださった共同通信社の梅野修・名古屋支社長、客員教授（中日新聞社）の山田哲夫先生、東海テレビの春田亮介・取締役総務局長に記して感謝申し上げる。

あとがき

　また、グローバルメディア研究センターの同僚の先生方、いつもながら事務関係を一手に支えてくれた山田涼華さんにはお礼の言葉もない。院生の松島悠司君、趙珉卿さん、長谷亜生基君、郭暁艶さん、渡邊真由子さん、胡斯平君、朱慧玲さん、臧若鴻さん、成田恭平君、南威君、カナダからの研究生スタンコ・カラデグリヤ君は協力してシンポジウムの記録や各種の手配、翻訳を担当して、支えてくれた。

　出版を支援して下さったのは、前著『ドイツの安全保障政策──平和主義と武力行使』の時と同様、一藝社の菊池公男社長と小野道子さんである。学術出版の厳しい状況が続く中で、本書出版の意義を認めてくださり、心から感謝申し上げる。編集担当の松澤隆さんはシンポジウムの全セッションに出席し、その上で原稿を編集するという丁寧な編集作業を行ってくださった。厚くお礼申し上げたい。

　戦後70年のその先に、急速に変貌する国際社会の中で、日本はどのような立ち位置を占め、国際社会の諸問題をどのように解決していけばよいのかを考える皆さまに本書を手に取っていただき、そのお役に立てれば望外の幸せである。

　　　　　　　　　　　　　　　　　　　　　　　　2016年7月吉日
　　　　　　　　　　　　　　　　　　　　　　　名古屋・東山の研究室にて

　　　　　　　　　　　　　　　　　　　　　　　　　　　中村登志哉

著訳者紹介

【編著者】

中村登志哉（なかむら　としや）
現　職	名古屋大学大学院国際言語文化研究科教授・グローバルメディア研究センター長
略　歴	オーストラリア・メルボルン大学政治学研究科博士課程修了、Ph.D.（政治学）取得。専門は国際政治学。
主な著作	『ドイツの安全保障政策──平和主義と武力行使』（一藝社、2006年）、*Power Transition an International Order in Asia : Issues and Challenges* (Routledge, 2013)、*Strukturen globaler Akteure : Eine Analyse ausgewählter Staaten, Regionen und der EU* (Nomos Verlag, 2010)、訳書に『ドイツ統一過程の研究』（ゲルトヨアヒム・グレースナー著、青木書店、1993年）

【著訳者】（掲載順）

渡邉昭夫（わたなべ　あきお）
現　職	東京大学・青山学院大学名誉教授、財団法人平和・安全保障研究所副会長
略　歴	オーストラリア国立大学国際関係学博士課程修了、Ph.D.（国際関係論）取得。専門は国際政治学。
主な著作	『日本の近代8　大国日本の揺らぎ 1972〜』（中央公論新社、2014）、編著に『戦後日本の宰相たち』（中央公論新社、2001年）。共著に『グローバル・ガヴァナンス──政府なき秩序の模索』（東京大学出版会、2001年）、訳書に『人間・国家・戦争──国際政治の3つのイメージ』（ケネス・ウォルツ著、勁草書房、2013年）

中村登志哉 ── 編著者欄を参照

井原伸浩（いはら　のぶひろ）
現　職	名古屋大学大学院国際言語文化研究科准教授
略　歴	オーストラリア・メルボルン大学政治学博士課程修了、Ph.D.（政治学）取得。専門は国際政治学。
主な著作	論文に「ASEAN設立過程再考──原加盟国の対インドネシア不信に注目して」『国際政治』164号（日本国際政治学会, 2011）。

加藤博章（かとう　ひろあき）
現　職	日本学術振興会特別研究員（DC2）、名古屋大学大学院環境学研究科博士後期課程在籍
略　歴	防衛大学校総合安全保障研究科後期課程単位取得退学。修士（国際関係論）。専門は国際政治学。
主な著作	共著に「政治と軍隊−戦後日本と自衛隊」（等松春夫監修、竹本知行、尾崎庸介編『ファンダメンタル政治学』（北樹出版、2013年）。論文に「ナショナリズムと自衛隊──一九八七・九一年の掃海艇派遣問題を中心に」（『国際政治』第170号、2012年）。

著訳者紹介

徳地秀士（とくち　ひでし）
- 現　職　政策研究大学院大学シニアフェロー、上智大学国際関係研究所客員所員
- 略　歴　1979年防衛庁入庁。タフツ大学フレッチャー大学院修士課程修了、修士（法律外交）。防衛省運用企画局長、人事教育局長、防衛政策局長などを経て、2014-15年に初代の防衛審議官。アメリカ国防大学国家戦略研究所客員研究員、政策研究大学院大学客員教授なども歴任した。

Nick Bisley（ニック・ビズリー）
- 現　職　オーストラリア・ラトローブ大学教授
- 略　歴　ロンドンスクール・オブ・エコノミクス（LSE）博士課程修了、Ph.D.（国際関係論）取得。専門は国際政治学。
- 主な著作　著　書に Great Powers in the Changing International Order（Lynne Rienner, 2012）. 共著に Issues in 21st Century World Politics, 2nd Edition（Palgrave, 2013）.

中村ゆかり（なかむら　ゆかり）
- 現　職　翻訳業
- 略　歴　筑波大学大学院地域研究研究科修士課程修了。
- 主な著作　著作に「ジョグジャカルタの川とトイレの変遷」（大野盛雄・小島麗逸編『アジア厠考』所収、勁草書房、1994年）。共訳書に『ドイツ統一過程の研究』（ゲルトヨアヒム・グレースナー著、青木書店、1993年）。

小金丸貴志（こがねまる　たかし）
- 現　職　名古屋大学リサーチ・アドミニストレーター
- 略　歴　台湾大学法律学院博士課程修了、法学博士。専門は台湾、法制史、公法学。
- 主な著作　論文に『日本統治初期の台湾における刑法適用問題--依用慣行の起源と総督府・法院の対立』（日本台湾学会報、2011年）、訳書に『台湾と日本のはざまを生きて　世界人、羅福全の回想』（藤原書店、2016年）。

Foo Choo Wei（フー・チューウェイ　符祝慧）
- 現　職　シンガポール華字紙『聯合早報』東京特派員
- 略　歴　東京大学大学院情報学環修士課程修了。シンガポール国営放送時事番組ディレクター、U channelレポーターなどを経て、2000年から現職。

Nguyễn Cẩm Tuyến（グエン・ティ・トゥエン）
- 現　職　国営ベトナム通信社（VNA: Vietnam News Agency）東京支局長
- 略　歴　ベトナム国家大学ハノイ校を卒業後、1998年VNA入社。国際局編集記者、英字紙ベトナムニュース記者などを歴任し、2015年から現職。

装丁+本文基本デザイン+図表作成　アトリエ・プラン

戦後70年を越えて　ドイツの選択・日本の関与

2016年8月15日　　初版第1刷発行

編著者	中村登志哉
発行者	菊池　公男
発行所	株式会社 一 藝 社

〒160-0014 東京都新宿区内藤町1-6
TEL 03-5312-8890
FAX 03-5312-8895
振替　東京 00180-5-350802
E-mail : info@ichigeisha.co.jp
HP : http://www.ichigeisha.co.jp

印刷・製本　　シナノ書籍印刷株式会社

©Toshiya Nakamura　2016　Printed in Japan

ISBN 978-4-86359-114-1 C3031
乱丁・落丁本はお取り替えいたします

一藝社の本

ドイツの安全保障政策
―平和主義と武力行使―

中村登志哉◆著

東西統一後、ドイツの安全保障政策は常に変化してきた。湾岸戦争のさなか、財政援助のみに終始し「小切手外交」と屈辱的な非難を浴びたドイツは、以後一転して積極的な派兵政策へと転換した。平和主義と武力行使を共存させる道はあるのか。過去（ナチス・ドイツ）の克服と国際協調に揺れたドイツの安全保障政策の変容を、克明に描き出した好著。

A5判　上製　212頁　定価（本体2,400円+税）　ISBN 978-4-901253-77-2

新・西欧比較政治

池谷知明・河崎健・加藤秀治郎◆編著

好評を博した『西欧比較政治』に最新情報を盛り込んで再構成した現代欧州理解のための決定版。第1部で主要各国ごとに戦後政治の変遷、選挙の仕組み、政党の盛衰を詳説し歴代首班の一覧も掲載。第2部は欧州政治の基盤と変化を知るために不可欠のキーワードを解説。欧州政治全般に関心を持つ人の必読書。

A5判　並製　256頁　定価（本体2,400円+税）　ISBN 978-4-86359-102-8

政治社会学［第5版］

加藤秀治郎・岩渕美克◆編

「政治社会学」は政治学と社会学の境界領域に位置し、政治不信の続く現代の状況を解明するものとして期待されている。複雑化する現代政治を解明するためには、政治と社会の関係を見直すことが不可欠であり、その上でさまざまな事象を分析していかなくてはならないのである。
　第5版では、新たに重要な論文、サルトーリの「選挙制度の作用」とポパーの「民主制の理論について」を収録し、さらに充実した内容となった。

[目次]
第1部　政治社会学の基礎
第1章　政治と社会／第2章　政治過程／第3章　政治権力／第4章　政党と圧力団体／第5章　選挙・投票行動／第6章　政治の心理／第7章　世論とメディア／第8章　統計と調査
第2部　リーディングス
1　権力の二面性（P.バクラック、M.S.バラッツ）／2　クリヴィジ構造、政党制、有権者の連携関係（S.M.リプセット、S.ロッカン）／3　選挙制度の作用～「デュヴェルジェの法則」再検討～（G.サルトーリ）／4　民主制の理論について（K.ポパー）

A5判　並製　318頁　定価（本体2,600円+税）　ISBN 978-4-86359-050-2